TAUCHEN SIE EIN IN DAS
FASZINIERENDSTE ELEMENT DER WELT.

Viel Vergnügen auf Ihrer Reise durch die spannende Welt des Wassers
wünschen Ihnen S.Pellegrino und Acqua Panna, die Fine Dining Waters.

Impressum
© 2009 Neuer Umschau Buchverlag GmbH, Neustadt an der Weinstraße

Alle Rechte der Verbreitung in deutscher Sprache, auch durch Film, Funk, Fernsehen, fotomechanische Wiedergabe, Tonträger jeder Art, auszugsweiser Nachdruck oder Einspeicherung und Rückgewinnung in Datenverarbeitungsanlagen aller Art, sind vorbehalten.

Lektorat
Heidrun Wirzinger, Neustadt an der Weinstraße

Herstellung
Janine Becker, Neustadt an der Weinstraße

Bildredaktion
Stefanie Simon, Neustadt an der Weinstraße

Gestaltung und Satz
Die Basis, Wiesbaden

Lithografie
RGD, Digitale Medientechnik GmbH, Langen

Druck
Druckkollektiv GmbH, Gießen

Printed in Germany
ISBN 978-3-86528-666-6

Besuchen Sie uns im Internet
www.umschau-buchverlag.de

INHALT

I.	*Vorwort*	7
II.	*Wasser – Grundbaustein des Lebens*	10
III.	*Zur inneren Anwendung*	16
IV.	*Wasser ist Kult*	20
V.	*Natürlich Wasser*	24
	Trinkwasser	26
	Mineralwasser	32
	Tafelwasser	40
	Heilwasser	46
	Quellwasser	52
	Leitungswasser	60
	Lebendiges Wasser	68
VI.	*Fakten und Tatsachen*	72
VII.	*Wasser als Ressource*	78
VIII.	*Arbeiten mit dem nassen Element*	86
IX.	*Welcher Tropfen darf es denn sein?*	92
	Fragen an den Profi	96
	Die Flasche am Tisch	98
	Notizen aus dem Service	100
	Wasserkarten der Spitzenrestaurants	102
	Wässer der Welt – Internationale Wassergalerie	110
X.	*Faszination Wasser – mit allen Sinnen genießen*	116
	Sehen	118
	Riechen	119
	Hören	120
	Fühlen	121
	Schmecken	122
	Spiegeln	123
	Wasserprobe	124
XI.	*Zur äußeren Anwendung*	134
	Kneipp®	142
	Thalasso	148
	Hydrotherapien	156
XII.	*Wasserrituale*	160
XIII.	*Mythen und Legenden*	178
XIV.	*Wasser-Lexikon*	182
	Register	186
	Bildnachweis	189

VORWORT

… Ich koche auch nur mit Wasser

Für dieses Buch schreibe ich gerne das »fließende« Vorwort, denn Die Welt des Wassers beflügelt nicht nur in Hinblick auf Wassergenüsse im Restaurant, sondern gibt auch sehr informative Einblicke für die innere und die äußere Anwendung. Für die beiden Autoren schreibe ich besonders gerne das Vorwort: Jerk Riese war bei mir im Sommer 2001 im Restaurant Ca´s Puers in Sóller auf Mallorca tätig und hat meine Gäste mit seiner jugendlichen Art sehr gut umsorgt. Rose Marie Donhauser hat mir als Foodjournalistin bei der Münchner Abendzeitung immer wieder Sterne-Rezepte für die Essen und Trinken-Leserschaft entlockt.

Fragen Sie mich nicht, welche Wassersorte ich in Restaurants bevorzugt bestelle. Das werde ich Ihnen nicht verraten – aus zwei Gründen: Zum einen bin ich als vielgereister Botschafter in kulinarischer Mission für alles offen, und zum anderen möchte ich Sie in Ihrer Wasserwahl nicht beeinflussen. Vielmehr möchte ich Sie sensibilisieren für die multinationalen Geschmäcker dieser Welt, denn ohne diese wäre doch unser Genussleben fad.

Ich erinnere mich noch gut, dass vor etwa 20 Jahren bei der Wasserbestellung ohne weiteres Nachfragen des Kellners Wasser an den Tisch gebracht wurde. Heutzutage wäre dies ein Fauxpas in jedem Spitzenrestaurant. Der Sommelier fragt nach still, medium bzw. dem gewünschten Kohlensäuregehalt – im besten Fall wird eine eigene Wasserkarte vorgelegt.

In meiner Küchenlaufbahn habe ich immer auch nur mit Wasser gekocht. Zwar nicht ausschließlich mit Leitungswasser, denn meine Kreationen verlangten schon auch das eine oder andere Mal nach einer weichen Qualität oder einem gewissen Prickeln, die ich durch die zugesetzte Kohlensäure bekommen habe. Ob bei den bekannten Vichy-Karotten, die im gleichnamigen Wasser gedünstet werden, mit dem feinperligen französischem Badoitwasser zubereitete Gelees oder kohlensäurehaltige Mineralwasser zur Herstellung von luftigen Teigen oder Fruchtgelees, damit sie spritzig und locker werden – die Wahl des Wassers war und ist wichtig!

Ich freue mich schon bei meinen zukünftigen Restaurantbesuchen zu guten Speisen, Champagner und Wein auch passende Wässerchen zu degustieren.

Herzlichst und in kulinarischer Verbundenheit

Ihr

ECKART WITZIGMANN

WASSER – GRUNDBAUSTEIN DES LEBENS

H₂O – KLAR, NATÜRLICH, LEBENSNOTWENDIG

Das Leben ist im Wasser entstanden – Wasser ist der Grundbaustein des Lebens. Mehr als 71 % der Erdoberfläche ist von Wasser bedeckt, man spricht vom »blauen Planeten«, der Mensch besteht auch aus nahezu soviel Wasser. Ohne Wasser »läuft« nichts, Wasser bedeutet Leben. Unsere Körperzellen benötigen ein Leben lang genügend Wasser, um richtig funktionieren zu können. Vor allem dient das Wasser dazu, um Nährstoffe zu transportieren, Informationen zu übermitteln und andere wasserlösliche Substanzen im Körper zu transportieren und die Abbauprodukte des Stoffwechsels und Gifte aus dem Körper auszuscheiden. Trinken wir zu wenig, macht sich rasch ein Mangel in Konzentration und Leistungsfähigkeit bemerkbar. Der Mensch kann über längere Zeit ohne Nahrung sein, verdurstet aber nach 8 bis 15 Tagen, bei massivem Wasserverlust.

»*Nichts auf der Welt ist weicher als Wasser, aber im Besiegen des Harten kommt ihm nichts gleich.*«

(LAOTSE)

> *»Schnee ist nur schick aufgemachtes Wasser.«*
> (ANONYM)

WASSER IST LEBEN

Wasser nährt unsere Erde und unseren Körper. Wasser durchströmt und gibt Energie. Ohne Wasser läuft nichts, denn Wasser fließt als Leben. Die Welt bestand für unsere Vorfahren aus vier Elementen:
Luft, Feuer, Erde und Wasser. Doch Wasser löscht das Feuer, geht mit dem Wind und durchflutet die Erde, Wasser ist das dominierende Element. Wasser ist der bedeutendste Stoff in unserer Erdgeschichte. Das Leben entstand im Wasser, unsere Kinder »schweben« auch 9 Monate im (Frucht-)Wasser. Der ständige Kreislauf des Wassers verbindet die Welt miteinander: Meere, Seen, Flüsse, Gletscher – alles bleibt in Bewegung und im Fluss. Jede Spezies auf Erden ist vollständig vom Wasser abhängig, kein Wachstum, keine Ernte und keine Beständigkeit wären gegeben. Wasser ist Leben pur!

DIE KRAFT DES WASSERS

Fließendes Wasser höhlt und schleift stetig Steine, gefrorenes Wasser formt Landschaften. Eis zu Decken oder als Gletscher gefroren kann Material befördern, aber auch Täler hinterlassen. Wasser sprengt mit seiner überschäumenden Kraft Erdschichten und stürzt in geballten Ladungen als Wasserfall in die Tiefe. Geballtes Wasser kann verschlingen, aber auch stimulieren. Wasser weckt die Kraft der Sehnsucht und des Entdeckers in uns, was wohl hinter dem Horizont liegen mag. Die Kraft des Sturms und der Überschwemmungen, der Zerstörung und der Dauerregen. Wasser ist geballte Kraft.

DREIMAL WASSER

Keine andere Substanz kommt, so wie Wasser, in drei Aggregatszuständen vor: Flüssig, fest und gasförmig. Gewässer wie Teich, Meer, Ozean, Fluss, Bach, Flussaue, Binnensee – dort fließt das Wasser. Fest gefrorenes Wasser bildet durch die Niedrigtemperaturen Gletscher und Permafrostböden (Dauerfrostboden, der das ganze Jahr hindurch gefroren ist). Durch Sonneneinstrahlung wird das Wasser von Flüssen, Seen oder dem Meer erwärmt, verdunstet dadurch und wechselt vom flüssigen in den gasförmigen Zustand. Durch die Verdunstung von Wasser und durch die Erwärmung durch die Sonne bilden sich Wolken.

H_2O – geschmacklos, geruchlos, farblos
Siedepunkt 100 °C , Schmelzpunkt 0 °C
Wasser dehnt sich bei höheren und bei tieferen Temperaturen aus, Wasser hat mit 1 g / ml seine größte Dichte bei 4 °C.

»Was wir wissen, ist ein Tropfen;
was wir nicht wissen, ein Ozean.«
(SIR ISAAC NEWTON)

WASSER

ZUR INNEREN ANWENDUNG

»Alles ist aus dem Wasser entsprungen! Alles wird durch das Wasser erhalten!«

(JOHANN WOLFGANG VON GOETHE)

Wasser ist der wichtigste Baustein für unser (Über)Leben – und daher lebensnotwendig. D.h. die innere Anwendung bzw. das Trinken von Wasser hält unseren Körper lebendig und wirkt sich auf unser Wohlbefinden aus. Doch wie viel »pures« Wasser ist nötig? Die Aussage hierfür pendelt sich meist zwischen 1,5 und 2 Liter pro Tag ein. Jedoch enthält auch unsere Nahrung viel Wasser, und zudem wird viel angereichertes Wasser wie Softgetränke, Tee, Kaffee und Alkohol (Bier, Wein) getrunken. Auch abhängig von hohen Temperaturen, Krankheitsfall wie Fieber, Durchfall oder Diät sowie auch bei schweißtreibenden Arbeiten oder Sport steigt der Wasserbedarf erheblich. Nachfolgend eine Übersicht, ausgehend von einer gesunden, ausgewogenen Ernährung:

»Wasser ist ein Kulturträger. Und es ist unsere Quelle: Wir selbst bestehen zu über 70 Prozent aus Wasser.«

(FABRIZIO PLESSI)

ALTER	WASSER DURCH TRINKEN L/TAG	WASSER AUS NAHRUNG L/TAG	WASSER GESAMT L/TAG
19–24	1.47	1.23	2.7
25–50	1.41	1.19	2.6
51–65	1.23	1.02	2.25
ÜBER 65	1.31	0.94	2.25

WIE REAGIERT UNSER KÖRPER BEI ZU GERINGER WASSERZUFUHR?

Unsere somatische Intelligenz signalisiert uns sehr schnell, wann wir was trinken soll(t)en. Dieses Durstsignal macht sich sehr schnell bemerkbar, z.B. trockener Mund. Die nächste Stufe der Wassernotwendigkeit ist erreicht, wenn es zu Schwäche, Müdigkeit, Konzentrationsstörungen kommt, wenn die Leistungsfähigkeit nachlässt. Sobald sich der Körper mit Kopfschmerzen und Muskelschmerzen meldet, ist davon auszugehen, dass etwa 4% des Körpergewichts an Wasser fehlen. Beim Fehlen von etwa 5% des Körpergewichts an Wasser kommt es zu starken Krämpfen und Bewusstseinsstörungen. Ein Wasserverlust über 15% des Körpergewichts kann tödlich sein.

Grundsätzlich reagiert unser Körper auf Flüssigkeitsmangel im Ganzen: Das Blut wird dickflüssiger und somit verschlechtert sich die Durchblutung sowie die Sauerstoffversorgung der Organe. Haut und Schleimhäute trocknen aus und verringern die Immunabwehr. Die Verdauung funktioniert nicht mehr einwandfrei, Schadstoffe werden schlechter abtransportiert. Langfristiger Flüssigkeitsmangel zeigt sich auf der Haut durch frühzeitige Falten, Nierenschäden machen sich bemerkbar. Wird nicht genügend getrunken, beginnt der Körper, Wasser zu sparen.

- *Er reduziert die Durchblutung der Haut und die Ausscheidung von Schweiß oder Urin.*

- *Fehlt Wasser, dann kann es zu Verstopfung kommen, da dem Darminhalt viel Wasser entzogen wird. Eine gute Verdauung braucht genügend Flüssigkeit.*

- *Wenn zu wenig Flüssigkeit in der Niere zum Ausschwemmen der Abfallstoffe vorhanden ist, können Nierensteine entstehen.*

○ *Die in der Haut gespeicherte Wassermenge wird stark reduziert, um die Verdunstung einzuschränken.*

WASSER MACHT NICHT NUR GESUND, SONDERN AUCH SCHÖN

Funktionstüchtige Hautzellen werden durch Wasser gespeist, es ist ein unentbehrlicher Baustein für unsere Haut. Sobald Wasser fehlt, findet eine ungenügende Durchfeuchtung statt. Die Haut wird schuppig, rau und rissig, bekommt Knitterfältchen und verliert an Spannkraft. Erst Feuchtigkeit lässt unsere Haut elastisch, rosig und gesund aussehen.
Aus gutem Grund bestehen die meisten Cremes und Lotionen für schöne Haut hauptsächlich aus Wasser und Stoffen, die das Wasser in der Haut binden sollen. Die Feuchtigkeitsdepots in den tieferen Hautschichten werden von innen versorgt. Fehlt es ihnen an Wasser, dann geht die Elastizität verloren, es können Runzeln entstehen. Deshalb ist es für die Schönheit so wichtig, genug zu trinken.

Im Durchschnitt trinken wir pro Tag etwa 2 Liter, die aber durch die verschiedensten »Kanäle« ausgeschieden werden und wieder nachgetrunken werden müssen. Etwa 1,5 Liter werden als Harn ausgeschieden, etwa 0,4 Liter mit dem Atem, etwa 0,1 Liter mit dem Stuhl sowie etwa 0,5 Liter über die Haut durch Schwitzen.

KANN MAN AUCH ZUVIEL WASSER TRINKEN?

Ja, das kann man. Besonders an heißen Tagen ist es wichtig, die verlorene Flüssigkeitsmenge nicht nur durch Wasser zu ersetzen, sondern auch die verlorenen Mineralien und Salze aufzunehmen. Wenn man nur salzarmes Wasser zu sich nimmt, kann es zur sehr seltenen, aber tödlichen Erkrankung »Hypertone Hydration«, auch bekannt unter dem Namen »Wasservergiftung«, kommen.

»Deutsche trinken soviel Mineralwasser wie noch nie«

Die Getränkehersteller verkauften 2008 insgesamt rund zehn Milliarden Liter Wasser, wie der Verband Deutscher Mineralbrunnen (VDM) mitteilt. Dies habe einem Pro-Kopf-Verbrauch von rund 138 Litern entsprochen. Insgesamt sei der Getränkeabsatz im vergangen Jahr um 2,2 Prozent gestiegen.

WASSER IST KULT

»*Das Wassertrinken zeigt wie kaum etwas Anderes die Parallelen des Wandels der Esskultur und dem gesellschaftlichen Wandel.*«

(PD DR. GUNTHER HIRSCHFELDER, UNIVERSITÄT BONN)

Wasser macht die **Pause** länger!

Eine Brunnenkur zu Hause mit
Angelika-Quelle Bad Tönisstein
bei Magen- u. Darm-, Nieren- u. Blasenleiden, Gicht, Blutarmut und Bleichsucht, unterstützend bei Zucker. Brunnenschriften u. Preise durch die Kurverwaltung Bad Tönisstein (Bez. Koblenz)

*K*ochendes Wasser natürlich! Es fließt *sofort* aus dem ELTRON-Kochendwasser-Automaten, wenn die Pause beginnt. Keine Minute wertvoller Freizeit geht durch unnützes Warten verloren. Der ELTRON-Kochendwasser-Automat soll *auch* Ihre Erholungspause verlängern. Er ar-

Gesundheit ist en vogue, die Fitness-Welle hat das ihrige durch die Nachfrage nach kalorienarmen Getränken getan, die Verbraucheraufklärung im Bereich Essen und Trinken trägt reichlich Früchte: Wasser ist auf jedem Parkett gesellschaftsfähig geworden, Wasser trinken ist Kult.

Tranken die Deutschen 1970 im Pro-Kopf-Verbrauch nur 12,5 Liter abgefüllte Mineralwässer, so sprechen heute die Zahlen für eine gesunde Entwicklung. Seit 1990 schnellen die Zahlen hoch: 82,7 Liter (1990), 100,3 Liter (2000), 129,1 Liter im Jahrhundertsommer 2003 und rund 138 Liter im Jahr 2008. Tendenz weiter steigend. Und eine Auswahl aus weltweit über 3.000 Marken steht zur Verfügung. In den Vereinigten Staaten wird Wasser meist »on the go« getrunken, während zwei Drittel der in Europa konsumierten Wässer während des Essens oder zumindest am Tisch getrunken werden.

Die Verbraucher möchten auch in diesem Bereich ihren persönlichen Genießeranspruch unterstreichen. Genauso, wie es im Restaurant nicht mehr ausreicht, lediglich Rot- oder Weißwein zu bestellen, bestellt man auch nicht mehr lediglich »Mineralwasser«, sondern muss sich entscheiden zwischen perlend oder still, mineralisch oder weich, aus Deutschland oder aus Übersee. So gibt es für jeden Moment im Leben augenscheinlich das richtige Wasser. S. Pellegrino ist ein Inbegriff der italienischen Lebensart, das Mineralwasser Staatl. Fachingen überzeugt durch den Hydrogencarbonatvorteil und wirkt somit Übersäuerungen im Körper aktiv entgegen,

und Voss aus Norwegen ist berühmt für seine Reinheit. Doch auch in der grundsätzlichen Frage »Welches Wasser?« gibt es nur eine Antwort: Der Mensch kann seinen Bedarf an Mineralstoffen vollständig aus der festen Nahrung decken. So auch der Paderborner Professor Dr. Helmut Heseker: »Getränke sind in erster Linie dazu da, den Körper mit Flüssigkeit zu versorgen.« Ob er dann seinen Flüssigkeitsbedarf durch Mineral-, Heil-, Tafel- oder Leitungswasser deckt, ist eine individuelle Entscheidung. Jedoch ist es hilfreich zu wissen, welche Trinkqualität das konsumierte Leitungswasser und welche Werte die gewählten Mineral- und Heilwässer haben.

NATÜRLICH WASSER

»Wasser, … es ist nicht so, dass man Dich zum Leben braucht: Du selber bist Leben … Durch Dich kehren uns alle Kräfte zurück, die wir schon verloren gaben. Dank Deiner Segnung fließen in uns wieder alle bereits versiegten Quellen der Seele.«

(ANTOINE DE SAINT-EXUPÉRY)

Welches Wasser trinken? Welche Unterschiede gibt es? Ist Wasser gleich Wasser? Wir tun uns schwer, durch den Wasser-Dschungel zu schwimmen oder zu rudern, denn durch dieses undurchsichtige Nass können wir nicht sehen, was wir trinken. Ist es lebendig? Denn nur, wenn die Moleküle ihre natürliche Struktur beibehalten haben und zueinander in harmonischer Schwingung stehen, ist das Wasser lebendig.

Ja, es ist Wasser, aber welche Zusammensetzung, welche Inhaltsstoffe für uns wichtig oder auch unwichtig sind – wir können uns nur auf amtliche Untersuchungen verlassen, die ihre Ergebnisse auf die Flaschen etikettieren oder wie bei unserem heimischen Leitungswasser beim zuständigen Wasserversorgungsamt nachfragen.

Trinkwasser

Süßwasser mit einem hohen Grad an Reinheit – das ist Trinkwasser. Es wird aus unterschiedlichen Wasservorkommen geschöpft, sei es aus Niederschlagswasser, Oberflächenwasser in Flüssen, Seen, Talsperren, Grundwasser, Mineralwasser und Quellwasser. In Deutschland wird die Nutzung der Gewässer im Wasserhaushaltsgesetz geregelt. Trinkwasser wird natürlich getrunken, zum Zubereiten von Speisen, aber auch z.B. zum Zähne putzen verwendet. Die (Wasser-) Anbieter treten als kommunale Versorger auf, die das Trinkwasser als hochwertiges Leitungswasser zur Verfügung stellen, und übernehmen auch ökologisch die Verantwortung.

Im Trinkwasser dürfen keine pathogenen (krankheitserregenden) Mikroorganismen enthalten sein. Zudem sollte eine Mindestkonzentration an Mineralstoffen wie Calcium, Magnesium, Hydrogencarbonat, Sulfat-Ionen und Carbonat enthalten sein. Die Konzentration von Mineralstoffen wird summarisch als Härtegrad des Wassers bezeichnet. Die Anforderung der Qualität bzw. der Güte an Trinkwasser in Deutschland ist in der DIN 2000 sowie der Trinkwasserverordnung »TrinkwV« definiert und verankert.

»Das Wasser ist niemals einsam.«
(ELIAS CANETTI)

WASSER, ABER NATÜRLICH

Auch die »abgefüllte Natur« kann im allgemeinen Sprachgebrauch oftmals für Trink-Verwirrung führen. Von offizieller Seite werden die Wässer mit Trinkqualität in der Mineral- und Tafelwasserverordnung festgeschrieben und wie folgt eingeteilt:

- *Natürliches Mineralwasser*
- *Heilwasser*; spezielles natürliches Wasser, das nachweislich eine vorbeugende, lindernde oder sogar heilende Wirkung aufweisen kann und somit als Arzneimittel zugelassen wurde.
- *Quellwasser*; dieses Wasser stammt auch aus unterirdischem Vorkommen, kann oder darf aber Spuren von Verunreinigungen enthalten. Eine amtliche Anerkennung ist nicht erforderlich.
- *Tafelwasser* besteht in der Hauptsache aus Trinkwasser, das aber keine Anforderung an Mineralstoffgehalt oder Behandlungsmethoden darstellt. Es besteht meistens aus Trinkwasser mit weiteren Zutaten. Tafelwasser darf keinen Quellennamen tragen. Es kann beliebig von irgendwo abgefüllt werden.
- *Leitungswasser* aus der öffentlichen Trinkwasserversorgung schmeckt überall anders. Es besteht aus etwa zwei Drittel Grundwasser und einem Drittel Oberflächenwasser. Bevor es in unser Wasserleitungssystem eingespeist wird, unterläuft es Kontrollen. Laut Trinkwasserverordnung darf das Leitungswasser mit Chemikalien aufbereitet werden.
- *Sprudel* oder saurer Sprudel wird natürliches Mineralwasser genannt, wenn es unter natürlichen Druck aus einer Quelle sprudelt oder mit Kohlendioxidzusatz abgefüllt wird.

In der Wasseranalytik wird Wasser wie folgt als Typen eingeteilt:

Mineralwasser
Trinkwasser
Nutzwasser
Regenwasser
Abwasser (Industrie, Haushalt, Landwirtschaft)
Grundwasser
Oberflächenwasser (Fließ- und Stehgewässer)
Rohwasser
Enteisentes Wasser
Demineralisiertes Wasser
Destilliertes Wasser
Reinstwasser
Süßwasser/Salzwasser/Brackwasser

Mineralwasser

»*Das Fließen des Wassers und die Wege der Liebe haben sich seit den Zeiten der Götter nicht geändert.*«

(JAPANISCHES SPRICHWORT)

NATÜRLICHES MINERALWASSER – NATÜRLICH AUS DER NATUR

Die Brunnen wurden und werden sehr tief in die Erde gebohrt, durchaus bis zu 1.000 m, um das wertvolle Nass nach oben zu befördern. Geschützt von der Natur, unterirdisch, rein und ursprünglich, plätschernd durch viele Gesteins- und Erdschichten, oft Jahrzehnte- oder sogar Jahrhunderte lang, ist sich der Mensch gar nicht bewusst, welche Kostbarkeit hier zu Tage gefördert wurde und wird: Wasser in höchster Trinkqualität, durchtränkt mit einem Gehalt an Mineralstoffen sowie dem Geschmack der (jeweiligen) Heimat. Aus solchen Tiefen sind Pumpen nötig, im besten Fall wird das Wasser aus eigenem Kohlensäuredruck, quasi auf natürliche Weise, nach oben gepresst. In diesem Fall spricht man von einer artesischen Quelle. Natürliches Mineralwasser ist, wie der Name schon sagt, reine Natur – sonst nichts. Doch die Natur hat einiges an wichtigen Mineralstoffen und Spurenelementen zu bieten, sodass dieses Wasser vom Staat geschützt und als Lebensmittel in Deutschland zugelassen wird. Es ist aber erlaubt, Eisen und Schwefel zu entfernen, denn Eisen würde in der Luft mit Sauerstoff reagieren und dadurch im Wasser trübe Flocken aufweisen. Genauso beim Schwefel, zuviel davon wirkt sich negativ auf Geruch und Geschmack des Wassers aus. Auf dem Etikett steht dann entsprechend enteisent oder entschwefelt. Grundsätzlich wird natürliches Mineralwasser, wie folgt, unterschieden bzw. im Handel angeboten:

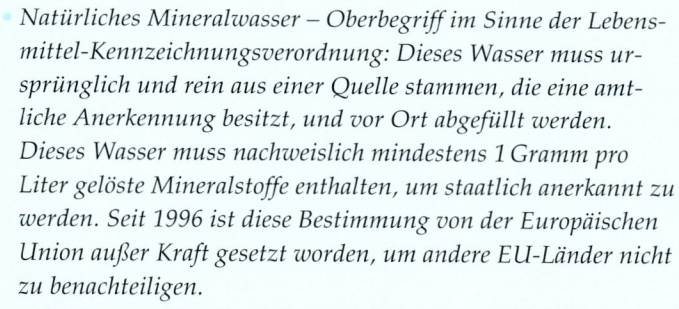

- *Natürliches Mineralwasser* – Oberbegriff im Sinne der Lebensmittel-Kennzeichnungsverordnung: Dieses Wasser muss ursprünglich und rein aus einer Quelle stammen, die eine amtliche Anerkennung besitzt, und vor Ort abgefüllt werden. Dieses Wasser muss nachweislich mindestens 1 Gramm pro Liter gelöste Mineralstoffe enthalten, um staatlich anerkannt zu werden. Seit 1996 ist diese Bestimmung von der Europäischen Union außer Kraft gesetzt worden, um andere EU-Länder nicht zu benachteiligen.
- *natürliches kohlensäurehaltiges Mineralwasser* (enthält denselben Kohlensäuregehalt wie an/aus der entnommenen Quelle).
- *natürliches Mineralwasser mit eigener Quellkohlensäure versetzt* (das Mineralwasser wird mit eigener Quellkohlensäure angereichert/versetzt).
- *natürliches Mineralwasser mit Kohlensäure versetzt* (die Kohlensäure stammt nicht aus derselben Quelle wie das Mineralwasser).
- *Säuerling oder Sauerbrunnen* (Mineralwasser mit eigener Quellkohlensäure mit einem natürlichen Kohlendioxidgehalt von über 250 mg pro Liter).

MINERALWASSER – MINERALIEN UND WASSER

Ein Naturprodukt, rein und klar, so heißt es bei der »Informationszentrale für Deutsches Mineralwasser«. Nichts ist besser als Mineralwasser. Wasser als Regen oder Schnee tritt in die Erdoberfläche ein, versickert und unternimmt in einigen Jahrzehnten unterirdisch eine Reise durch Gesteins- und Erdschichten, um dann gereinigt und gefiltert sich in einem Art Sammelbecken zu einer Quelle zu formieren. Jede Quelle prägt den Geschmack und die Zusammensetzung des Wassers. Es ist eine jeweils individuelle Mischung, keine Quelle gleicht der anderen in der Zusammensetzung von Mineralstoffen und Spurenelementen.

Der »Verband Deutscher Mineralbrunnen e.V.« (VDM) vertritt die politischen und wirtschaftlichen Interessen von 223 der insgesamt über 240 Mineralbrunnenbetriebe in Deutschland. Alle Betriebe durchlaufen strenge Kontrollen, denn Mineralwässer und Heilwässer benötigen als deklarierte Lebensmittel eine amtliche Anerkennung. Die amtlich anerkannten Mineralwässer sind auf der Flasche mit dem Namen der Quelle sowie dem Ort der Quellnutzung vom Bundesamt für Verbraucherschutz und Lebensmittelsicherheit im Bundesanzeiger ausgewiesen. Um eine Vorstellung von der »Mineralwasser-Erhebung« bzw. einen Einblick von einer Quelle zu erhalten:

Die Geschichte von Apollinaris

Die Entdeckung der Apollinaris Quelle geschah wie so viele Ereignisse in der Geschichte durch puren Zufall. 1852 ersteigerte der Winzer und Weinkaufmann Georg Kreuzberg ein Grundstück in Bad Neuenahr-Ahrweiler für den Anbau von Wein. Doch die Reben wollten einfach nicht gedeihen. Eine Bohrung brachte die Ursache ans Licht: Das Kohlendioxid einer unterirdischen mineralischen Quelle hinderte die Weinstöcke am Wachstum.

Der findige Geschäftsmann Kreuzberg ließ daraufhin das Quellwasser vom führenden Geologen und Chemiker der Universität Bonn, dem Geheimen Bergrat Prof. Dr. Karl Gustav Bischof analysieren. Nach dem viel versprechenden Befund der Analyse stieg Georg Kreuzberg in den Handel mit Mineralwasser ein. Er benannte die Quelle nach dem Schutzpatron des Weines »Apollinaris«, dessen Bildstock sich in unmittelbarer Nähe des Quellortes befand.

Da bei der Befüllung der Tonkrüge immer ein Teil der quelleigenen Kohlensäure verloren ging, entwickelte Kreuzberg ein Verfahren diese gesondert aufzufangen. Anschließend wurde sie bei der Abfüllung der Krüge wieder zugesetzt. Mit dieser bahnbrechenden Erfindung konnte die Haltbarkeit von Apollinaris verlängert werden. Einem wachsenden Export stand von da an nichts mehr im Wege.

Schon bald florierte der Absatz des Mineralwassers so kräftig, dass Georg Kreuzberg den Heppinger-Mineralbrunnen ebenfalls übernahm. Heute wird daraus das Heilwasser »Heppinger extra« gewonnen.

Um den weltweiten Verkauf von Apollinaris anzukurbeln, wurde eine Vertriebsfirma in Großbritannien gegründet. Um 1900 war Apollinaris bereits international bekannt und zählte mit einem Absatz von 40,5 Millionen Flaschen pro Jahr zu den erfolgreichsten Unternehmen seiner Zeit. Als Zeichen des Erfolgs gilt auch das berühmte rote Dreieck. 1885 wird es mit dem Hinweis »Trade Mark« von der Apollinaris Company Ltd. für den Vertrieb von

Mineralwasser in England als Marke eingetragen. Zehn Jahre später erfolgt der Markenschutz in Deutschland.

In der Gastronomie wird heute Apollinaris SELECTION und Apollinaris SILENCE aus preisgekrönten Designer-Flaschen angeboten. Im Handel gibt es die Sorten CLASSIC, MEDIUM, SILENCE, LEMON und Apollinaris BIG APPLE in verschiedenen Gebinde-Formen.

Links: Georg Kreuzberg (1796–1873) erschloss 1852 die Apollinaris-Quelle.

Rechts: Anzeigen aus den Jahren 1879, 1958 u. 1968.

- Aachener Kaiserbrunnen, Aachen
- Abenstaler Quelle, Elsendorf
- Adelheidquelle
- Adelholzener Alpenquellen, Siegsdorf
- Alaska, Bad Liebenwerda
- Aegidiusbrunnen, Bad Honnef
- Altmühltaler
- Alvara, Bochum
- Alwa
- Apollinaris, Bad Neuenahr-Ahrweiler
- Aqua Montana
- Aqua Römer
- Aqua Vitale, Sachsenheim-Spielberg
- Aquella, Bochum
- Aquintéll, Walsum
- Aquintus, Walsum
- Ardey, Dortmund
- Arienheller
- Artesia Quelle
- Artus
- Astra, Bad Vilbel
- Azur, Frankfurt am Main/Berkersheim
- Bad Brambacher
- Bad Brückenauer, Bad Brückenau
- Bad Driburger Naturparkquellen, Bad Driburg
- Bad Dürrheimer, Bad Dürrheim
- Bad Harzburger
- Bad Lauchstädter Mineralbrunnen, Bad Lauchstädt
- Bad Liebenwerda, Bad Liebenwerda
- Bad Liebenzeller, Bad Liebenzell
- Bad Nauheimer Mineralquellen, Bad Nauheim-Schwalheim
- Bad Pyrmonter
- Bad Suderoder Mineralbrunnen, Bad Suderode (Harz)
- Bad Vilbeler
- Bad Wildungener Georg-Viktor-Quelle, Bad Wildungen
- Bad Wildungener Helenenquelle, Bad Wildungen
- Barock Quelle, Dresden
- Basinus, Eilenburg
- Bellaris, Bellheim/Pfalz
- Berg Quelle, Schwollen
- Brandenburger Urquell, Diedersdorf
- Brandenburger Urstromquelle, Baruth
- Brohler, Brohl-Lützing
- Burg-Quelle, Plaidt
- Burgwallbronn, Duisburg
- Caldener, Calden bei Kassel
- Carolinen Brunnen, Bielefeld
- Christinen Brunnen, Gütersloh
- Dauner, Daun
- Dietenbronner
- Dreiser Sprudel, Dreis-Brück
- Eisvogel
- Eifel-Quelle, (siehe Tönissteiner) Andernach
- Emsland Quelle
- Ensinger Mineralquelle, Vaihingen an der Enz-Ensingen
- Extaler
- Externstein Quelle
- Fiorelino, Erftstadt
- Förstina, Fulda-Eichenzell
- Forstetal Mineralquelle, Horn-Bad Meinberg
- Franken Brunnen, Neustadt a.d.Aisch-Bad Windsheim
- Frische Brise Rhens
- Freyersbacher, Bad-Peterstal-Griesbach
- Fürst Bismarck Quelle, Reinbek
- Gänsefurther
- Geotaler
- Gerolsteiner Brunnen, Gerolstein
- Gerri
- Glashäger, Bad Doberan
- Göppinger Sprudel, Göppingen
- Granus, Aachen
- Grafenquelle, Osterode am Harz, Förste
- Güstrower Schlossquell
- Haaner Felsenquelle, Haan
- Harzer Grauhof, Grauhof (Harz)
- Harzer Kristall Mineralbrunnen, Langelsheim
- Hassia, Bad Vilbel
- Hella
- Herzog-Quelle, Bochum
- Herzog Wigbert Quelle, Homfeld

> »Wasser, das fließt, ist voll guter Eigenschaften; kommt es zum Stillstand, verliert es sie.«
>
> (IBN KALAKIS)

- Hirschquelle, Bad Teinach
- Hochwald Sprudel, Schwollen
- Höllensprudel
- Hohenstein Mineralquelle (Cave h₂o)
- Hubertus
- Kirkel (Saar)
- Kondrauer Mineralwasser, Tirschenreuth-Kondrau
- König-Otto-Sprudel, Wiesau
- Krumbacher Mineralwasser
- Lesmona aus der »St. Rimbert-Quelle«
- Lichtenauer, Lichtenau (siehe Hassia Mineralquellen)
- Löwensteiner
- Lohberg-Quelle Bochum
- Margonwasser
- Marienbrunnen, Borgholzhausen
- Mephisto-Quelle, Aachen
- Merkur, Sachsen-Anhalt (Laurentlus Quelle)
- Minaqua
- Nassauer Land, Emstaler Brunnen
- Neuselters
- Nürburg Quelle, Dreis-Brück
- OberSelters, Bad Camberg-Oberselters
- Odenwald-Quelle
- Okertaler Mineralbrunnen, Oker (Goslar)
- Oppacher
- Ottilien-Quelle, Randegg (Hegau)
- Peterstaler, Bad Peterstal-Griesbach/Bad Rippoldsau-Schapbach
- Pfälzer Silberbrunnen, Medard (Glan)
- Raffelberger
- Reginaris, Mendig
- Remus Quelle, Niederrieden
- Rhenser, Rhens
- Rheinfelsquelle
- Rhodius, Burgbrohl
- Rietenauer Heiligentalquelle, Aspach Rietenau
- Rhön-Sprudel, Ebersburg-Weyhers (Landkreis Fulda)
- Roisdorfer
- Römerwall
- Rosbacher, Rosbach
- Rottenburg Obernau
- Rudolfquelle
- Schloss Quelle, Essen
- Schwarzwald-Sprudel, Bad Peterstal-Griesbach
- Schwollener Sprudel, Schwollen
- Siegsdorfer Petrusquelle
- Silberbrunnen, Reutlingen
- Sinziger, Sinzig
- Spreequell
- Staatl. Fachingen, Fachingen
- Staatlich Bad Meinberger, Horn Bad-Meinberg
- St-Medardus, Medard (Glan)
- Salvus Mineralbrunnen
- Selters
- Steinbronn-Quelle, Bochum-Wattenscheid
- Steinsieker-Brunnen, Löhne-Westfalen
- St.-Margarethen Heilwasser, Löhne-Westfalen
- St. Gero
- Stifts Quelle, Essen
- St.-Leonhards-Quelle
- Sylter Quelle
- Taunusquelle
- Teinacher, Bad Teinach-Zavelstein
- Thüringer Waldquell, Schmalkalden
- Tönissteiner, Andernach
- Überkinger, Bad Überkingen
- Ü-Motion
- Urbacher
- Vilsa, Bruchhausen-Vilsen
- Wiesentaler-Mineralbrunnen Waghäusel
- Wittenseer Mineralbrunnen
- Wüteria Mineralquellen

Natürliches Aachener Thermalwasser
AISERBRUNNEN
abgekühlt und   mit Kohlensäure versetzt.

AFEL- WASSER

er Controlle der   Stadtverwaltung abgefüllt.

Tafelwasser

»*Dunkel das Wasser*

Im Brunnen der Erinnerung

Wenn du dich beugst

Über den Rand

Den steinernen

Wird es lebendig

Spiegelt Gesichter

Und tanzende Sterne

Spiegelt Zweige im Wind

Spiegelt dir Leben zurück.«

(A. SCHNITT)

TAFELN MIT WASSER

Tafelwasser ist ganz normales Leitungswasser und kein Naturprodukt wie z. B. Mineral- oder Heilwasser. Das normale Trink- bzw. Leitungswasser (es kann auch eine Mischung aus verschiedenen Wasserarten sein) wird zum Tafelwasser mit Mineralsalzen aufbereitet und meist mit Kohlensäure versetzt. Tafelwasser braucht keine amtliche Anerkennung, unterliegt aber wie Mineralwasser und Quellwasser der deutschen Verordnung für Mineral-, Quell- und Tafelwasser. Die Mischung eines Tafelwassers kann Meerwasser oder Sole und auch Mineralwasser enthalten. Für die Mischungsanteile braucht es keine gesetzlichen Vorschriften.

DIE HERSTELLUNG VON TAFELWASSER

Leitungswasser wird gefiltert, dann mit Mineralsalzen wie Natrium, Calcium oder Magnesium angereichert und anschließend mit Kohlensäure versetzt. Dann wird es in Flaschen, Tetrapaks oder Containern für die Gastronomie gefüllt. Im Prinzip ist Tafelwasser im Vergleich zu Mineral- und Heilwasser nichts Besonderes. Die Verbraucher bzw. Konsumenten halten dieses Wasser aber auch (irrtümlicherweise) für Mineralwasser. In der Gastronomie erhält man Tafelwasser meist frisch gezapft aus dem Hahn und mit Eiswürfeln und Zitronenscheibe serviert. Es lohnt sich ein Blick in die Getränkekarte zu werfen, um festzustellen, um welche Art von Wasser es sich handelt. Falls es Ihnen nicht egal ist, welches Wasser Sie trinken, sollten Sie ausdrücklich »natürliches Mineralwasser« oder »Heilwasser« bestellen. Wenn ein Tafelwasser mindestens 570 mg Natriumhydrogencarbonat pro Liter und außerdem Kohlendioxid (Kohlensäure) enthält, heißt es auch Sodawasser.

BEISPIELE VON TAFELWASSERMARKEN

Die Eintragung der Marke »Bonaqua«, eigentlich ein Kunstwort mit Wurzeln in der lateinischen Sprache (bona aqua – gutes Wasser), wurde in Deutschland abgelehnt, weil es sich bei Aqua um einen Gattungsbegriff handelt. Deshalb ist Deutschland das einzige Land, in dem der Markenname »Bonaqa« geschrieben wird. Für dieses Markenwasser, zugehörig zum Coca-Cola-Konzern, wird in etwa dreißig Abfüllbetrieben in Deutschland das Wasser aus eigenen Brunnen oder von den jeweiligen Stadtwerken bezogen. Im jeweiligen Abfüllbetrieb wird dieses Wasser nochmals gefiltert, mit Mineralien wie Natrium, Kalzium und Magnesium angereichert und zum Schluss mit Kohlensäure versetzt. Das so produzierte Wasser soll überall gleich schmecken. »Dasani« sollte zur vierten weltweit erhältlichen Marke (neben Coca-Cola, Fanta und Sprite) werden. Nachdem in Großbritannien bekannt geworden war, dass dort letztlich auch nur Leitungswasser für die Marke »Dasani« abgefüllt wurde – allerdings legalerweise, weil dort Tafel- und Mineralwasser rechtlich nicht unterschieden werden –, wurden entsprechende Pläne für Deutschland fallen gelassen. Auf dem deutschen Markt werden zunehmend stille Wässer bevorzugt, deshalb wurden 2003 die Sorten Medium und Still als Tafelwasser sowie 2005 »Bonaqa Silver« als stilles Mineralwasser eingeführt. In Deutschland gehören lokale oder regionale Mineralbrunnen wie Sodenthaler Mineralbrunnen oder Urbacher Mineralquellen zu den Coca-Cola-Abfüllern.

Tafelwasser darf nur so hergestellt werden, dass die in der Trinkwasserverordnung festgelegten chemischen Grenzwerte eingehalten sind. Zur Herstellung dürfen nur natürliche Mineralwässer oder Trinkwasser oder Meerwasser benutzt werden. Das Wasser kann mit geeigneten Verfahren behandelt werden. Es kann durch Wasserentzug aus natürlichem Mineralwasser ein höherer Salzgehalt erzeugt werden. Eine völlige Reinigung durch Umkehrosmose und nachfolgende Zugabe von zulässigen Mineralstoffen ist möglich. Somit kann Tafelwasser mit einem hohen Reinheitsgrad und genau definiertem Mineralstoffgehalt hergestellt werden. Der Einsatz von Kleinfiltrationsanlagen im Privathaushalt zur Erzeugung von Umkehrosmosewasser (RO-Wasser, von Reverse Osmosis) ist in Fachkreisen sehr umstritten, weil oft durch verkeimte, unsachgemäß gewartete Filter im Privathaushalt mehr Schaden als Nutzen entsteht. Industriell erzeugtes Tafelwasser, das mit Umkehrosmose gereinigt wurde, ist in der Regel einwandfrei. Die Abfüllung kann außerhalb des Quellortes erfolgen.

TAFELWASSER AUS DER LEITUNG

Leitungswasser kann man bedenkenlos trinken, wer gerne (s)eine eigene Wasseranalyse haben möchte, der wende sich an das zuständige Wasserwerk.

Unser Trinkwasser kommt im Normalfall aus ganz tiefen Brunnen und wird von den Wasserwerken in ihre Anlagen gepumpt. Dabei haben die »Wassermeister« die Aufsicht. Das Wasser wird zuerst »versprüht«, dabei wird das Wasser mit Sauerstoff belüftet und versprüht, damit sich Schwefelwasserstoff lösen kann. Anschließend wird das Wasser durch Kieselsteine gefiltert, denn Eisen und Mangan müssen aus dem Wasser heraus. Alle 72 Stunden wird der Filter dann rückgespült, dabei werden Eisen und Mangan in der »braunen Brühe« sichtbar. Aus dem Wasserhahn kommt dann letztendlich nach vielen Proben, Kontrollen und Filterungen frisches, sauberes Trinkwasser. Doch Trinkwasser aus der Leitung oder der Flasche schmeckt unterschiedlich. Denn jedes Wasser hat eine andere Geschichte, einen anderen Verlauf und deshalb einen unterschiedlichen Geschmack.

Viele Firmen und Haushalte bereiten ihr eigenes Tafelwasser aus der Wasserleitung selbst her oder lassen sich mit Trinkwasser beliefern: Dazu gibt es spezielle Filter, Anlagen und für die Gastronomie auch entsprechende Getränkeanlagen. Dabei gibt es immer wieder Fragen, ob Wasserspender und Watercooler das Nonplusultra im Vergleich zu frischem kühlem Wasser direkt aus dem Wasserhahn sind. Es gibt Unterschiede: Bei den Watercoolern ist das Trinkwasser in großen Ballons (Plastik oder Glas), die ausgetauscht werden, sie sind nicht an die Trinkwasserleitung angeschlossen. Diese Geräte sind durchaus in der Kritik, dass Keime und Bakterien z. B. durch ein benutztes Glas, das den Ablasshahn berührt, in das Gerät wandern können. Andere Geräte werden direkt an die Trinkwasserleitung angeschlossen und umgehen somit die direkte Berührung. Wer sich für eine Filteranlage, auch im kleinsten Haushalt, interessiert, der sollte sich zuerst an das zuständige Wasserwerk wenden und sich dann im zweiten Schritt eingehend über dieses Thema informieren. Dazu einige Fachbegriffe:

- *Tafelwasser – Form von Trinkwasser, hauptsächlich zubereitet mit Tafelwasser-Anlagen aus Trinkwasser, meist versetzt mit Kohlensäure (CO_2) oder auch als stilles Wasser.*

- *Tafelwasser-Anlage – Anlage zum Herstellen von frischem Tafelwasser. Dieses Gerät besteht meist aus Filtereinheit, Karbonator, Kühlung, Zapfeinheit, oft auch mit Postmix-Ausrüstung zur Zubereitung von Geschmackskonzentraten.*

- *Karbonator – Kesseleinheit in einer Tafelwasser-Anlage zum Versetzen des Wassers mit Kohlensäure oder Sauerstoff.*

- *Trockenkühlung – Kühlaggregat mit Metallblock, meist Aluminium – wartungsfrei, aber leistungsschwächer als Nasskühlung.*

- *Warmkarbonator – Karbonator ohne zusätzliche Kühleinheit.*

- *Watercooler – auch Gallonenspender genannt, ein Gerät mit meist 18,9 Liter großen Wechselbehältern (entspricht 1 Gallone), das Tafel-, Quell- oder Mineralwasser leicht kühlt. Benötigt Stromanschluss, bietet meist keine Kohlensäure, rela-*

tiv schwache Kühlleistung. Die hauptsächlichen Nachteile sind teure Gallonenfüllungen und hohes, systembedingtes Verkeimungsrisiko. Dafür benötigt man keinen Anschluss an das Trinkwassersystem.

»Wasser gibt nach, aber erobert alles. Wasser löscht Feuer aus oder, wenn es geschlagen zu werden droht, fließt es als Dampf und formt sich neu. Wasser spült weiche Erde fort oder, wenn es auf Felsen trifft, sucht es einen Weg, sie zu umgehen. Es befeuchtet die Atmosphäre, so, dass der Wind zur Ruhe kommt. Wasser gibt Hindernissen nach, doch seine Demut täuscht, denn keine Macht kann verhindern, dass es seinem vorbestimmten Lauf zum Meer folgt. Wasser erobert durch Nachgeben; es greift nie an, aber gewinnt immer die letzte Schlacht.«

(AUS DEM 11. JAHRHUNDERT)

Heilwasser

Pfarrer Sebastian Kneipp sagte: »Es gibt kein Heilmittel, das sicherer heilt als Heilwasser«. Wir wissen um seine erfolgreichen Wasserkuren, auch in der äußeren Anwendung, doch was ist Heilwasser genau? Faktisch handelt es sich um »natürliches Heilwasser« aus dem nie endenden Wasserkreislauf unserer Erde. Rein wie von der Natur gewollt, mit all seinen wertvollen Mineralstoffen und Spurenelementen – natürlich am Quellort abgefüllt. Diese »ursprüngliche Quelle« ist frei von Umwelteinflüssen, und deshalb ist dieses Heilwasser so wertvoll für unseren Organismus. Reines Wasser, das aus unterirdischen, vor Verunreinigung geschützten Wasservorkommen stammt und aufgrund seiner Eigenschaften bzw. jeweiligen Zusammensetzung für therapeutische Zwecke dienlich ist, wird als Heilwasser deklariert.

Es muss nachgewiesen werden, dass das Wasser eine heilende, lindernde oder vorbeugende Wirkung hat. Zusätzlich gehört zu diesem umfangreichen Zulassungsantrag ein analytisches, pharmakologisch-toxikologisches und klinisches Sachverständigengutachten. Diesen Nachweis bekommt man nur mit der Zulassung durch das Bundesinstitut für Arzneimittel und Medizinprodukte (BfArM) in Bonn. Im Anschluss wird das amtlich zugelassene Heilwasser mit Namen und Ort der Quellnutzung vom Bundesamt für Verbraucherschutz und Lebensmittelsicherheit im Bundesanzeiger bekannt gemacht. Des Weiteren werden Behandlung und zulässige Höchstwerte für Inhaltsstoffe festgeschrieben.

Bad Wörishofen. Kneippdenkmal — Kosmos

Im Wasser ist Heil

WASSE

»Wasser ist die beste Arznei«
(SLAWISCHES SPRICHWORT)

Die Richtwerte der Wasserinhaltsstoffe von Heilwässern nach Begriffsbestimmungen – Qualitätsstandards für die Prädikatisierung von Kurorten, Erholungsorten und Heilbrunnen:

WERT BESTIMMENDE EINZELBESTANDTEILE	MINDESTWERTE
EISENHALTIGE WÄSSER	20 MG / L ZWEIWERTIGES EISEN (FE)
JODHALTIGE WÄSSER (L)	1 MG / L JODID
SCHWEFELHALTIGE WÄSSER	1 MG / L SULFIDSCHWEFEL (S)
RADONHALTIGE WÄSSER	666 BQ/L RADON (RN) (=18NCURIE/L)
KOHLENSÄUREHALTIGE WÄSSER (SÄUERLINGE)	1.000 MG / L FREIES GELÖSTES KOHLENSTOFFDIOXID (CO_2) FÜR TRINKZWECKE, 500 MG / L FREIES GELÖSTES KOHLENSTOFFDIOXID (CO_2) FÜR BADEZWECKE
FLUORIDHALTIGE WÄSSER	1 MG / L FLUORID (F)

NATURHEILENDES WASSER

Der Nachweis von Heilwasser unterliegt strengen Vorschriften des deutschen Arzneimittelgesetzes. Die Strenge dieser Prüfungen ergibt für den Verbraucher ein Wasser mit Qualitätsgarantie.
- *Die gesundheitliche Wirkung muss durch ein wissenschaftliches Gutachten nachgewiesen bzw. bewiesen werden.*
- *Der Mindestgehalt von gelösten Mineralstoffen pro Liter muss gewährleistet sein.*
- *Heilwasser unterläuft auch nach der Zulassung ständig strengen Kontrollen durch Prüfung von unabhängigen Instituten.*
- *Abfüll- und Wassergewinnungsanlagen müssen den strengen arzneimittelrechtlichen Anforderungen gerecht werden.*
- *Zudem muss Heilwasser den mikrobiologischen Anforderungen der Mineral- und Tafelwasserverordnung (MTVO) entsprechen.*

Es ist unumstritten, dass Heilwasser einen Anteil zu unserem täglichen Wohlbefinden beisteuert. Heilwasser eignet sich zur Gesunderhaltung und zur Vorbeugung von Mineralstoffmangel sowie zur Linderung von Beschwerden und zur alleinigen oder unterstützenden Behandlung von Krankheiten. Doch es ist ein langer Weg, bis ein Heilwasser zugelassen wird, oftmals ziehen sich die Zulassungsverfahren jahrelang hin. Doch sobald sich das Wasser offiziell Heilwasser nennen darf, erhält es eine Zulassungsnummer und dazu eine genaue Anleitung für die Angaben des auf dem Etikett zu deklarierenden Textes.

- Name des natürlichen Heilwassers mit der Anschrift des abfüllenden Heilbrunnenbetriebes
- Amtliche Zulassungs-Nummer
- Chargen-Bezeichnung
- Der Analyseauszug über die wirksamen Bestandteile nach Art und Menge mit der Angabe des Untersuchungsinstituts
- Anwendungsgebiete
- Gegenanzeigen (falls vorhanden)
- Nebenwirkungen (falls vorhanden)
- Wechselwirkungen (falls vorhanden)
- Trinkmengenempfehlung
- Verfallsdatum

GESUNDHEIT, DIE MAN TRINKEN KANN

Darüber hinaus braucht der Heilbrunnen noch die sogenannte Herstellungserlaubnis, die bestimmte innerbetriebliche Voraussetzungen regelt: z. B. geeignetes Fachpersonal und vorhandene Räumlichkeiten zur Abfüllung, Prüfung und Lagerung von Heilwasser. Die Herstellungserlaubnis erteilt in der Regel das zuständige Regierungspräsidium.

Die große Heilwasseranalyse ist für das analytische Gutachten beim Bundesinstitut für Arzneimittel und Medizinprodukte (BfArM) die maßgebliche Grundlage: Sie enthält die Ergebnisse der physikalischen, chemischen und biologischen/mikrobiologischen Überprüfung. Damit das BfArM überprüfen kann, ob das Heilwasser tatsächlich in der angegebenen Weise wirksam ist, sind ausführliche wissenschaftliche Sachverständigengutachten vorzulegen, d. h. klinische Studien oder nach wissenschaftlichen Methoden aufbereitetes Erfahrungsmaterial in Form von Gutachten von Balneologen.

Beispiel eines Analysenauszuges von 1.000 ml (Adelholzener St. Primus-Heilquelle):

Natrium 3,7 mg, Kalium 0,6 mg Magnesium 29,0 mg, Calcium 88,0 mg, Strontium 0,14 mg, Barium 0,056 mg, Fluorid 0,07 mg, Chlorid 2,8 mg, Nitrat 3,4 mg, Sulfat 8,0 mg, Hydrogencarbonat 412, 0 mg, Metakieselsäure 10,2 mg, Metaborsäure 0,23 mg, Kohlendioxid 2160 mg

Natürliches Heilwasser versorgt den Körper mit lebenswichtigen Spurenelementen und Mineralstoffen, es wirkt präventiv, belebt, schützt und stärkt das Immunsystem. Die Wirksamkeit ist zudem wissenschaftlich nachgewiesen und amtlich bestätigt, die Kontrollen bei der Abfüllung sind besonders streng. Wenn für ein bestimmtes Heilwasser die Inhaltsstoffe genau analysiert und seine heilsame Wirkung in Studien belegt ist, kann es sogar als Arzneimittel zugelassen werden. Es gibt über 58 deutsche Heilwässer im Handel. Welches persönlich geschmacklich und von den reichhaltigen Inhaltsstoffen zusagt, kann jeder selbst entscheiden. Ein Vergleich der verschiedenen Analysen auf den Etiketten hilft sehr bei der Wahl eines persönlichen Heilwassers. Interessant ist auch, dass man grundsätzlich von Heilwässern nie genug trinken kann, vielmehr ist der regelmäßige und reichhaltige Genuss Voraussetzung dafür, dass die nützlichen Elixiere ihre Wirkung komplett entfalten können. Es gibt also kein Zuviel, sondern eher ein Zuwenig.

Heilwässer sind eine wirksame Möglichkeit, gelöste Mineralstoffe zu sich zu nehmen. Sie gehören in die Kategorie der klassischen Naturheilmittel: Heilwässer mit einem Sulfatgehalt von mindestens 1.200 Milligramm pro Liter regen die Darmtätigkeit an. Bei akuter Verstopfung empfiehlt sich morgens ein Glas sulfathaltiges Heilwasser auf nüchternen Magen. Calciumhaltiges Wasser beugt Osteoporose vor. Fluoridhaltiges Heilwasser beugt Karies vor, härtet den Zahnschmelz und hemmt die Säurebildung von Mundbakterien. Heilwässer mit hohem Hydrogencarbonat-Anteil (mehr als

1.300 Milligramm pro Liter) helfen wiederum gegen Sodbrennen, weil Hydrogencarbonat überschüssige Säure neutralisiert.

Wer sich über die Bandbreite der Wirkung von Heilwässern genauer informieren möchte, findet genaue Angaben zu Inhaltsstoffen und Anwendungsgebieten auf den jeweiligen Flaschenetiketten und im Internet unter www.heilbrunnen.com.

»Heilendes Wasser trinken darf auch Spaß machen … leicht prickelnd, säuerlich mit einem geringfügig harten, kalkigen Ton, erdig, urban, weich, still oder mit Kieseln durchspült … werden Sie zum Wasser-Experten.«

(UNBEKANNT)

Nachfolgend eine Liste verschiedener Heilwasser-Marken aus deutschen Landen:
- Adelholzener Alpenquellen, Siegsdorf
- Bad Brückenauer Heilwasser
- Bad Kissinger Rakoczy Quelle und Schönborn Sprudel
- Bad Pyrmonter Natürliches Heilwasser
- Bad Wildunger Georg-Viktor-Quelle
- Bad Wildunger Naturquelle
- Bad Wildunger Reinhardsquelle
- Biskirchener Karlssprudel – Heilquelle seit 1895
- Desiderius-Quelle, Bad Aibling
- Elisabethenquelle
- Haaner Felsenquelle
- Heppinger Extra, Apollinaris
- Hirschquelle, Bad Teinach-Zavelstein
- Lauchstädter Heilbrunnen, Bad Lauchstädt
- Staatl. Fachingen Still, Fachingen
- St. Gero, Gerolstein
- St. Margareten Heilwasser
- Wernarzer-Wasser, Bad Brückenau
- König Otto Quelle

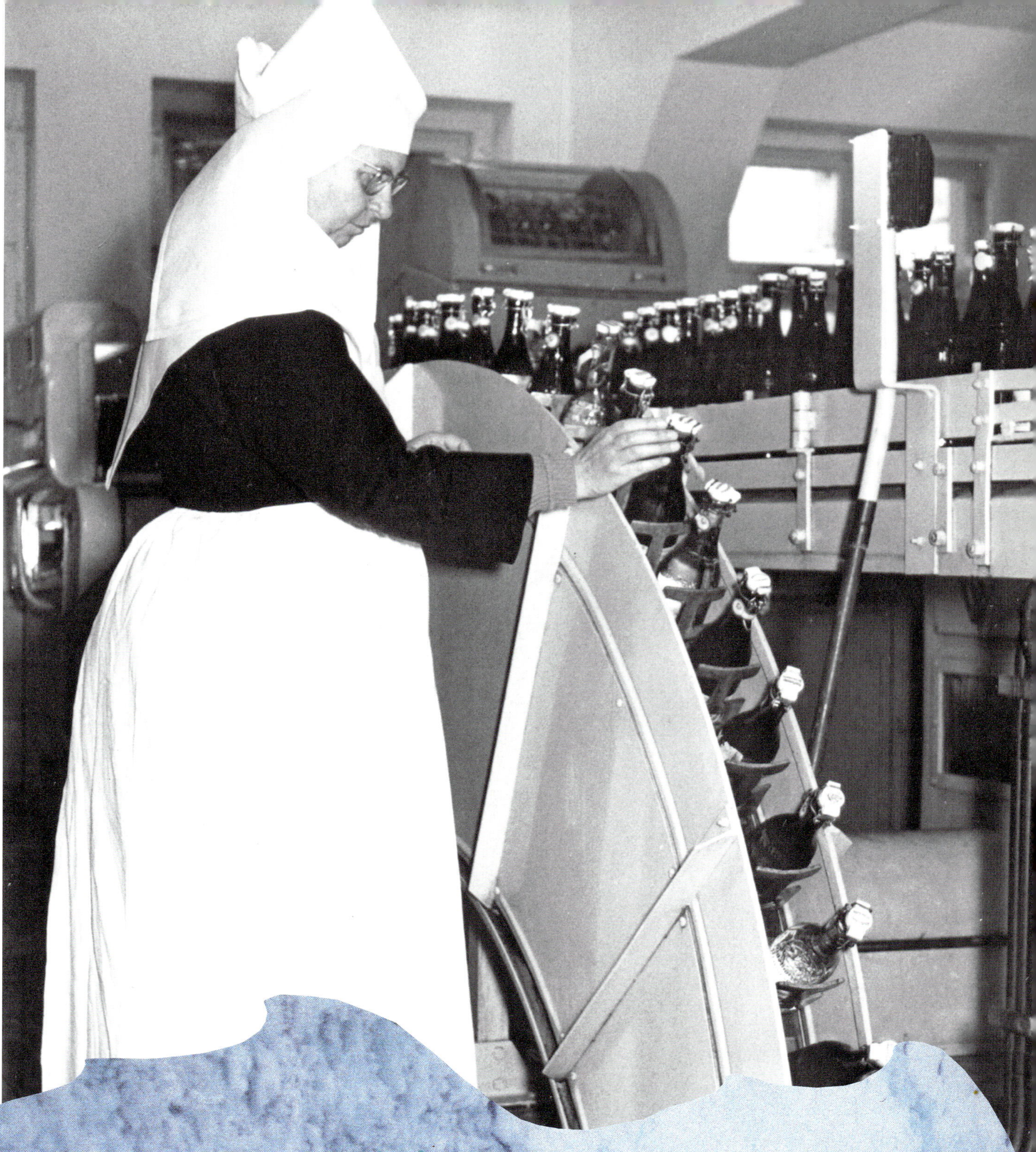

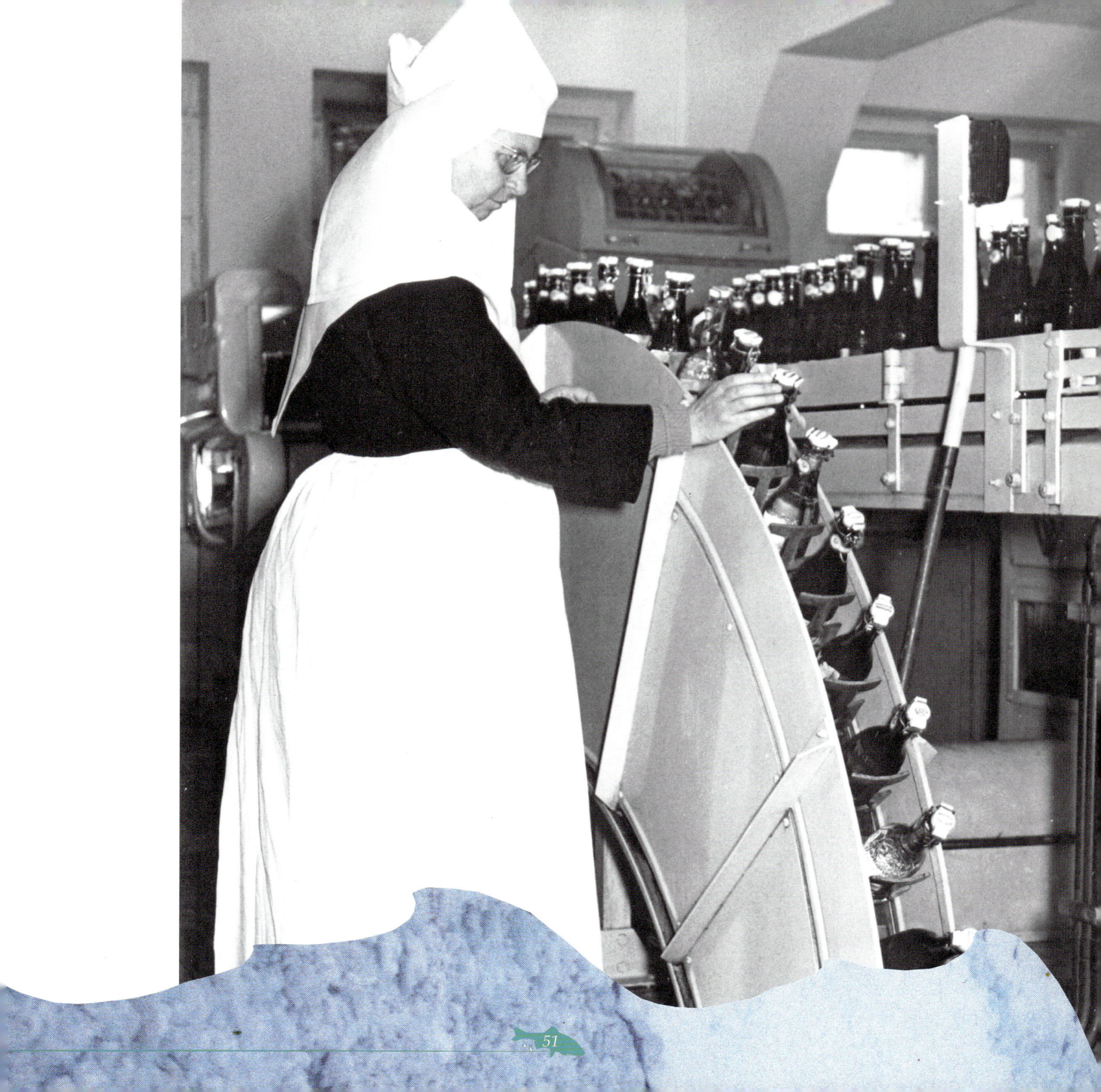

Quellwasser

»*Das Wasser ist ein freundliches Element für den, der damit bekannt ist und es zu behandeln weiß.*«

(JOHANN WOLFGANG VON GOETHE)

Man mag annehmen, dass dieses Wasser aus einer Quelle oberirdisch sprudelt, aber tatsächlich gilt die Bezeichnung »Quellwasser« für Wässer, die ihren Ursprung im Unterirdischen haben und aus einer oder mehreren natürlichen oder künstlich erschlossenen Quellen gewonnen werden. Der Abfüllort ist direkt am Quellort, die gesetzlichen Anforderungen sind geringer als bei natürlichem Mineralwasser und es bedarf auch keiner amtlichen Anerkennung. Es muss gewährleistet sein, dass das abgefüllte Quellwasser den Kriterien von Trinkwasser entspricht. Die Ursprünglichkeit und die Konstanz des Mineralstoffgehaltes müssen nicht nachgewiesen werden. Wie bei der Herstellung von Mineralwasser dürfen auch bei Quellwasser nur bestimmte Verfahren, wie das Entfernen von Eisen, Mangan und Schwefel durch Filtration und Belüftung, angewendet werden. Der Zusatz von Kohlensäure ist erlaubt. Im Spezifischen ist alles in der Mineral- und Trinkwasserverordnung (MTV) unter dem Begriff nach § 10, Abs. 1, Nr. 1 festgelegt. Es dürfen jedoch keine Stoffe zugesetzt und keine Verfahren durchgeführt werden, die den Keimgehalt des Wassers verändern würden.

QUELLEN

Die Zahl der Quellen in Deutschland ist nicht ermittelbar, es gibt keine schlüssigen Angaben dazu. Denn Quellen sind Orte, an denen sich Grundwasser sammelt und auf natürliche Weise austritt. Quellen bilden einen Übergangsbereich zwischen Grundwasser und fließendem Gewässer, das sich aus dem abfließenden Quellwasser bilden kann. Sobald eine Quelle durch künstliche Baumaßnahmen aufgeschlossen wird, ist es ein Brunnen. Diese Quellen sind nicht zu verwechseln mit Mineralbrunnen, die der strengen Mineralwasserverordnung unterliegen.

Lange Zeit wurden Heil-, Mineral-, Quell- und Tafelwasser als gleichwertige Begriffe angesehen und unter dem Oberbegriff Trinkwasser zusammengefasst. Erst mit dem Erlass der Europäischen Mineralwasserrichtlinie am 15.7.1980 sowie der Trinkwasserrichtlinie am 3.11.1998 gibt es nun verbindliche Qualitätsbestimmungen für Mineral- und Trinkwasser, die für alle EU-Staaten gelten.

IST QUELLWASSER GESÜNDER?

Steht auf einer Flasche »Quellwasser«, so kann dies bedeuten, dass das Wasser ein Mix aus verschiedenen Quellen ist. Es muss nicht ursprünglich rein sein, hat aber hohe Trinkwasserqualität.

Im Prinzip lässt sich folgendes feststellen: Heilwasser ist dem Mineralwasser, Mineralwasser dem Quellwasser vorzuziehen, Quellwasser wiederum ist dem Tafelwasser vorzuziehen und letztendlich ist Tafelwasser dem Wasser aus der Leitung vorzuziehen.

Doch auch bei den verschiedensten Wasserangeboten ist es einfach die Sache des Preises, des Geschmacks oder gar der Notwendigkeit. Im Handel können die Verbraucher zwischen 60 Heilwassersorten, 500 Mineralwässern, etlichen Quell- und Tafelwassersorten sowie bis zu 300 ausländischen Wassermarken wählen. Rein ökologisch und wirtschaftlich betrachtet würde die Wahl des Wassers auf eine regionale Marke fallen. Die regionalen Abfüller würden unterstützt werden, um die Vielfalt der deutschen Quellen zu erhalten. Auch der Preis eines regionalen Produkts würde sicherlich gegenüber z. B. einer ausländischen Wassermarke geringer ausfallen. Der Geschmack wird aber auch eine Rolle spielen, denn manche »Wässerchen« können platt, fad oder langweilig schmecken und wiederum andere erfrischend und angenehm.

EIN GUTER SCHLUCK

Die Verkehrsbezeichnung »Quellwasser« auf den Flaschen löst eine positive Kaufentscheidung beim Verbraucher aus, denn es vermittelt Klarheit und Reinheit des Wassers. Jedoch sind Angaben, die eine Verwechslung mit Mineralwasser zulassen, verboten. Ort der Quellnutzung und Name der Quelle müssen verzeichnet sein. Der Hinweis auf die Eignungen zur Zubereitung von Säuglingsnahrung ist bei der Erfüllung der entsprechenden Voraussetzungen erlaubt. Ebenso ist die Darstellung eines Analysenauszuges mit den charakteristischen Bestandteilen möglich. Bei der Abfüllung von Quellwasser ist auf technisch einwandfreie Gewinnungs-, Herstellungs- und Abfülleinrichtungen zu achten. Außerdem müssen die hygienischen Voraussetzungen wie Brunnen, Wasserweg, Anlagen und Umfeld erfüllt sein, da keine Entkeimung des Quellwassers zulässig ist.

In der Rubrik »Mineralwässer« auf Getränkekarten sollten ausschließlich Mineralwässer stehen, da Quell- und Tafelwassersorten nicht den strengen Qualitätsrichtlinien von natürlichen Mineralwässern unterliegen.

BEISPIELE VON QUELLWASSERSORTEN

Pirin Quellwasser

Das Wasser ist kohlensäurefrei und zeichnet sich durch seine Reinheit und seiner geringen Mineralisation unter 100 Milligramm pro Liter aus. Es ist fast frei von Nitrit, Schwermetallen und Arsen und wurde nicht mit Ozon behandelt. Dieses Quellwasser erfüllt die strengen Anforderungen der Trinkwasser-Verordnung, wurde für das Jahr 2008 ausgezeichnet und ist zur Zubereitung von Säuglingsnahrung geeignet.

Analyseauszug März 2007, pro Liter: *2,7 mg Natrium, 3,8 mg Chlorid, 10,2 mg Calcium, 5,6 mg Magnesium, 0,01 mg Selen, 8,6 mg Sulfat, 0,1 mg Fluorid, 42,9 mg Hydrogencarbonat, 0,3 mg Nitrat, 0,01 mg Nitrit, 0,006 mg Aluminium, 0,001 mg Arsen, 0,003 mg Barium, 0,01 mg Blei, 0,001 mg Cadmium, 0,002 mg Kupfer, 0,001 mg Mangan, 0,002 mg Nickel, 0,001 mg Quecksilber, 0,005 mg Antimon*

Graf-Metternich-Quellen

An den Ausläufern des Teutoburger Waldes, da wo das Eggegebirge beginnt, liegt das kleine Dorf Vinsebeck inmitten von grünen Wäldern und saftigen Wiesen. Hier sprudeln seit Urzeiten auf dem heutigen Gelände des Grafen Wolff-Metternich mehrere Mineralquellen aus dem Boden, die sich durch unterschiedliche mineralischen Zusammensetzungen hervortun. Vor vielen Millionen von Jahren entstand hier beim Auffalten des Teutoburger Waldes eine geologische Störung, die zum Teil tief bis zum Magma im Erdinneren reicht. Geologisch wird dieses Gebiet als »Vinsebecker Dom« bezeichnet, da durch die enormen Auffaltungskräfte sich ein geologischer Horst gebildet hat, bei dem sich die unterschiedlichen Gesteinsschichten fast senkrecht aufgerichtet haben. So vereint der »Vinsebecker Dom« die Gesteinsschichten Mittlerer Buntsandstein, Oberer Buntsandstein und den Unteren Muschelkalk. Da die Graf-Metternich-Quellen im Laufe der Jahre in jeder dieser Gesteinsschicht Quellbohrungen niedergebracht haben, kann das Unternehmen über eine Vielzahl von Mineralwässern verfügen, die sich in der Mineralisation und daher auch im Geschmack unterscheiden, obwohl die einzelnen Quellen zum Teil nur wenige hunderte Meter auseinander liegen.

So verfügt die Graf-Metternich-Quelle, die im Oberen Buntsandstein ihren Ursprung hat, über eine sehr hohe Mineralisation von über 3.000 Milligramm pro Liter. Dabei sind insbesondere die Mineralien Calcium und Magnesium hervorzuheben.

Der Vinsebecker Säuerling, der im Mittleren Buntsandstein entspringt, einem sehr klüftigen und alten Gestein, hat eine direkte Verbindung zu dem Magma des Erdinnern, durch die diese Quelle ihren hohen Anteil natürlicher Quellkohlensäure von über 2.500 Milligramm pro Liter erhält. Die Kohlensäure durchwandert Tausende von Metern Gestein und löst dabei Mineralien, die diesem Mineralwasser einen erfrischenden und belebenden Charakter verleihen.

Östlich vom Betriebsgelände neigen sich die Gesteinsschichten ins Waagrechte und sind durch unterschiedliche Muschelkalk-Schichten geprägt. Generell sind die Mineralwässer, die aus diesen Schichten gefördert werden, nicht so stark mineralisiert wie Wässer, die aus den Buntsandsteinen gefördert werden. Die Graf-Metternich-Varus-Quelle, die aus dem Oberen Muschelkalk gefördert wird, weist daher nur eine Mineralisation von insgesamt 649 Milligramm pro Liter gelösten Mineralstoffen auf. Insbesondere ist der sehr niedrige Natriumgehalt von 3,8 Milligramm pro Liter hervorzuheben, dadurch ist dieses Mineralwasser hervorragend für die kochsalzarme Ernährungsweise geeignet. Da unter anderem auch die Stoffe Natrium und Nitrat nicht nachweisbar sind, darf das Mineralwasser der Graf-Metternich-Varus-Quelle mit dem Prädikat »auch für die Zubereitung von Säuglingsnahrung geeignet« ausgezeichnet werden. Im Mittleren Muschelkalk entspringt die Delta-Quelle, die ebenfalls natriumarm ist, aber gegenüber der Graf-Metternich-Varus-Quelle eine insgesamt höhere Mineralisation aufweist. Besonders ist hierbei der Calcium-Wert zu nennen.

GESUNDE KRITERIEN FÜR EIN QUELLWASSER

Wichtiger Indikator bei Quellwässern für die Menge an Schadstoffeinträgen aus konventioneller Landwirtschaft wie Dünge- und Pflanzenschutzmittel, Umweltbelastungen sowie Arzneimittelrückständen ist der Nitratwert. Der Nitratwert ist eine »freiwillige« Angabe auf dem Etikett. Erst Werte unterhalb von 3 Milligramm pro Liter lassen erkennen, dass dieses »Quellwasser« aus geschützten Naturräumen fernab jeglicher Zivilisation stammt. Für die Gesundheit sowie auch für die Prophylaxe übernimmt Wasser eine wichtige Rolle: Es transportiert Mineral- und Vitalstoffe bis hin zur einzelnen Zelle und spült gleichzeitig Ablagerungen und Stoffe aus dem Körper. Die Transportfähigkeit und nicht der hohe Mineraliengehalt eines Quellwassers ist ein wichtiges Kriterium für den Konsum: Die Gesamtmineralisation sollte unter 500 Milligramm pro Liter liegen. Sobald der Hinweis »für Säuglingsnahrung geeignet« auf dem Etikett vermerkt ist, lässt dies auf einen äußerst geringen Arsenwert schließen – viele Hersteller geben diesen Wert leider nicht an. Der Höchstwert für Arsen in natürlichen Mineralwässern beträgt wegen der schädigenden Wirkung dieses Stoffes seit dem 1.1.2006 in Europa einheitlich 10 Mikrogramm pro Liter. Bei dem Hinweis »Geeignet für die Zubereitung von Säuglingsnahrung« liegt der Arsenwert bei 5 Mikrogramm pro Liter.

Bei all diesen Kriterien lässt zudem bewusstes und ökologisches Handeln darauf schließen, wenn die Kaufentscheidung für »artesisches Wasser« fällt. Dieses »selbst austretende« Wasser wird nicht durch Pumpen gefördert.

MINERALWASSER, QUELLWASSER, HEILWASSER, TAFELWASSER – EIN VERGLEICH

(Vorschriften nach der Verordnung für Mineral-, Quell- und Tafelwasser unter Berücksichtigung von EG-Richtlinien)

	Mineralwasser	Quellwasser	Tafelwasser	Heilwasser *
Quelle	stammt aus einem unterirdischen Wasservorkommen	stammt aus einem unterirdischen Wasservorkommen	besteht aus verschiedenen Wasserarten (z. B. Leitungswasser und Mineralwasser)	stammt aus einem unterirdischen Wasservorkommen
Amtliche Anerkennung	ja	nein	nein	ja (Arzneimittelzulassung)
besitzt bestimmten Gehalt an Mineralien und Spurenelementen	ja	nein	nein	ja; hat dadurch heilende, lindernde oder vorbeugende Wirkung
ursprünglich rein, ohne Zusätze	ja	nein	nein	ja

	Mineralwasser	Quellwasser	Tafelwasser	Heilwasser *
direkt an der Quelle abgefüllt	ja	ja	nein	–
Quelltemperatur relativ konstant	ja	nein	nein	–
Gehalt an Mineralien natürlicherweise relativ konstant	ja	nein	nein	–
Angaben auf dem Flaschenetikett	• Ort und Name der Quelle • Auszug aus der amtlichen Analyse • Angabe, ob enteisent oder entschwefelt • Angabe, ob Kohlensäure entzogen oder zugesetzt wurde	• Ort und Name der Quelle • Angabe, ob Kohlensäure entzogen wurde	• Angaben über Anteile von Meerwasser, Salzzugabe, Sole oder Kohlensäure • keine Angaben über die Herkunft, außer für Sole	

* Heilwasser ist in der Verordnung für Mineral-, Quell- und Tafelwasser nur teilweise geregelt. Ausschlaggebend ist das Arzneimittelgesetz.

Leitungswasser

> »Es ist unmöglich, zweimal in denselben Fluss zu springen. Auch wenn wir in dieselben Flüsse steigen, fließt immer anderes Wasser herbei.«
>
> (HERAKLIT)

Wasser aus der Leitung wird im üblichen Sprachgebrauch mit Trinkwasser gleichgesetzt. Ausgenommen sind natürlich Wasserarten, die keine Lebensmittelqualität haben und als sogenanntes Betriebswasser Verwendung finden. Der Begriff Trinkwasser ist in der Trinkwasserverordnung (TrinkwV 2001) ganz klar geregelt: Es ist alles Wasser im ursprünglichen Zustand oder nach Aufbereitung, das zum Trinken, zur Zubereitung von Speisen, zum Kochen und für häusliche Zwecke verwendet wird. Die häuslichen Zwecke umfassen Körperreinigung und -pflege, Reinigung von Gegenständen, die mit Lebensmitteln in Berührung kommen, Reinigung von Gegenständen, die bestimmungsgemäß nicht nur vorübergehend mit dem menschlichen Körper in Kontakt kommen.

Trinkwasser aus der Leitung ist das mit Abstand am strengsten kontrollierte Lebensmittel in Deutschland, mit ständiger Überwachung. Es ist nach der Trinkwasserverordnung so beschaffen, dass bei einem lebenslangen Genuss, mit einem Konsum von zwei bis drei Litern pro Tag, die menschliche Gesundheit nicht beeinträchtigt wird. Seit dem 1.1.2003 werden in Deutschland die Anforderungen an die Trinkwasserqualität nach der Europäischen Trinkwasserrichtlinie, die in nationales Recht umgesetzt wurde, beschrieben. Im Vergleich zu der Europäischen Trinkwasserrichtlinie, die den höchsten internationalen Standard darstellt, ist die deutsche Trinkwasserrichtlinie bei einigen Grenzwerten und Regeln schärfer gefasst.

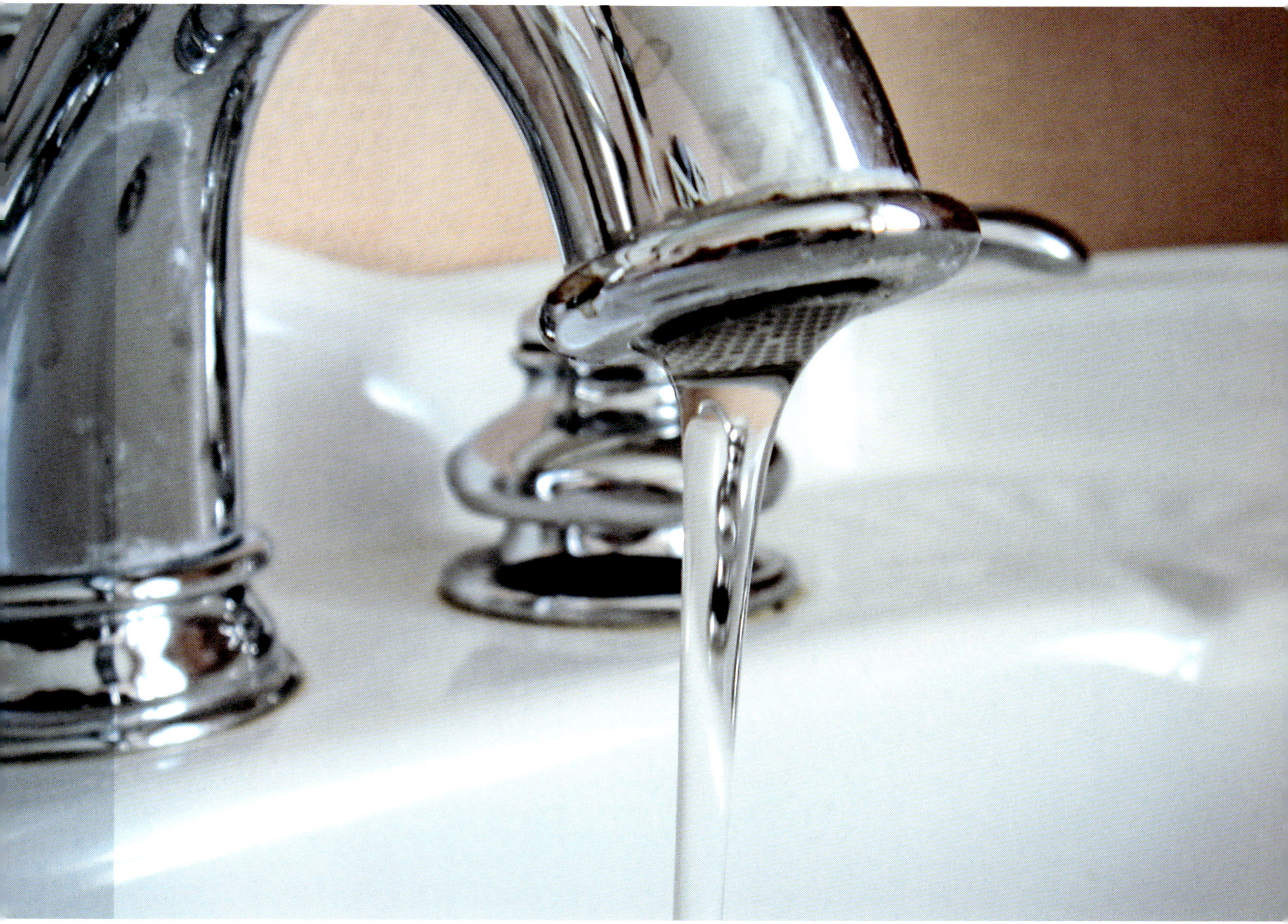

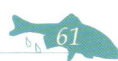

WIE WIRD TRINKWASSER GEWONNEN?

Das für den menschlichen Genuss trinkbare Wasser wird zu etwa 64 Prozent aus Grundwasser, zu etwa 27 Prozent aus Oberflächenwasser und zu etwa 9 Prozent aus Quellen gewonnen. Das Grundwasser wird aus Tiefen von etwa 50 Metern und mehr gepumpt, das Oberflächenwasser wird aus Seen, Talsperren und fließenden Gewässern genommen und das Quellwasser ist meist von selbst zutage tretendes Grundwasser. In kleineren Städten und Gemeinden reichen meistens die Trinkwasserreserven aus, aber Großstädte holen oft zusätzlich noch Trinkwasser aus Flüssen und Seen hinzu. Beispielsweise bezieht der Ballungsraum Stuttgart sein Wasser über eine 150 Kilometer lange Rohrleitung aus dem Bodensee. Das Trinkwasser kann auch eine Mischung aus Oberflächen-, Grund- und Quellwasser sein. Es wird geprüft, ob es den Qualitätsansprüchen genügt und wird größtenteils nur geringfügig aufbereitet. Das Ziel der Wasserversorger ist es, möglichst natürliches Trinkwasser zu liefern. Nur wenn gefördertes Rohwasser nicht alle Qualitätsanforderungen erfüllt, wird es im Wasserwerk aufbereitet. See- oder Flusswasser wird einem längeren Reinigungsverfahren in mehreren Stufen unterzogen. Im Wasserwerk sind deshalb die Wasserrohre, je nach Art des führenden Wassers, farblich gekennzeichnet. Im Rohwasserbehälter fließt das noch verschmutzte Wasser durch einen Kiesfilter, welcher das Wasser von Trübstoffen befreit. Dann fließt das grob gereinigte Wasser in einen Begasungsbehälter, wo es durch das Einblasen von Luft mit Sauerstoff angereichert wird. Das soll das Austreiben von Kohlensäure bewirken, die sich im Grundwasser immer in kleinen Mengen befindet. Zudem überführt der Sauerstoff die sich im Grundwasser gelösten Eisen- und Mangansalze in wasserunlösliche Verbindungen, welche als braune Flocken ausfallen. Weitere Verunreinigungen wie Farbstoffe und organische Stoffe werden im Aktivkohlefilter aus dem Wasser herausgefiltert. Anschließend wird das Wasser mit Chlor angereichert, um Krankheitserreger auszuschließen, bzw. werden durch die Chlorierung Bakterien abgetötet und das Wasser desinfiziert.

WELCHE QUALITÄTSANFORDERUNGEN BESTEHEN BEI TRINKWASSER?

Nach DIN-Vorschriften muss Trinkwasser bei der Trinkwasseraufbereitung im Wasserwerk folgende Grundanforderungen erfüllen:

- *Es soll farblos, kühl, klar und frei von fremdartigem Geruch und Geschmack sein.*
- *Es soll möglichst von Natur aus frei von Krankheitserregern und gesundheitlichen Schadstoffen sein.*
- *Es soll nicht zu viele Salze, namentlich Härtebildner, Eisen, Mangan sowie organische Stoffe (Moor- und Huminstoffe) enthalten.*
- *Es soll stets auch der Menge nach allen Bedürfnissen der zu versorgenden Bevölkerung gerecht werden.*

DOCH WARUM SCHMECKT TRINKWASSER NICHT ÜBERALL GLEICH?

Es gibt in Deutschland etwa 6.600 Wasserversorgungsunternehmen, die hohe Qualität bis zum Wasserzähler garantieren. Ab dem Wasserzähler sind die Eigentümer für das Leitungssystem der Häuser verantwortlich. Fast 99 Prozent der

»Würde es keinen Regen geben, gäbe es auch keine Pfützen, in denen sich später der blaue Himmel spiegeln würde.«

(ANONYM)

Bundesbürger bekommen ihr Trinkwasser aus diesem öffentlichen Versorgungsnetz, die restlichen beziehen ihr Wasser zum Beispiel von einem Brunnen oder gar einem eigenen Hausbrunnen. Bei dieser Art des Wasserbezugs sind die Bürger für die Qualität des Brunnenwassers selbst zuständig bzw. müssen das Wasser regelmäßig von örtlichen Gesundheitsbehörden überprüfen lassen. Für die Beschaffenheit der Wasserrohre bzw. für die letztendliche Qualität am Wasserhahn stehen Werkstoffe in großer Vielfalt zu Verfügung. Hierzu sind bezogen auf die örtliche Wasserqualität Installateure und Wasserversorgungsunternehmen gefragt. Warum nun das Wasser in jeder Region anders schmeckt oder schmecken kann bzw. auch erhebliche qualitative Unterschiede bestehen können, liegt an einigen Faktoren. So können zum Beispiel die Grenzwerte für Trinkwasser nur knapp unterschritten werden, und dadurch kann es beispielsweise zu Anreicherungen von Chlor oder Blei kommen. Jedes Wasser eines Wasserwerkes hat aber auch je nach den Mineralien des Untergrundes seinen speziellen unveränderbaren Charakter, welche den Geschmack beeinflussen können.

WARUM IST WASSER MAL HART UND MAL WEICH?

Laut einer Emnid-Befragung wissen die meisten Menschen in Deutschland, dass Kalk für die Wasserhärte verantwortlich ist. Doch nur jeder Zweite weiß, dass Kalk aus den Mineralstoffen Magnesium und Calcium besteht.

Die Gesamtwasserhärte wird europaweit als Summe der im Wasser gelösten Erdalkalien Calcium und Magnesium in Millimol je Liter angegeben. (Ein Mol ist die internationale Maßeinheit für die Angabe einer Stoffmenge/Teilchenmenge. Millimol ist ein Tausendstel dieser Menge.) Je mehr Calcium und Magnesium das Wasser enthält, desto härter ist es. Dies ist vor allem für die Dosierung von Waschmitteln wichtig: Je weicher das Wasser, desto weniger Waschmittel ist nötig.

Neu ist auch die Einteilung in drei Härtebereiche. Während bisher vier Härteklassen für das Trinkwasser galten, werden jetzt nur noch drei Härtebereiche festgelegt:

- *weich* weniger als 1,5 Millimol Erdalkalien je Liter
- *mittel* 1,5 bis 2,5 Millimol je Liter
- *hart* mehr als 2,5 Millimol je Liter

Alte Angaben zum Härtebereich (°dH)	Alte Angaben zum Härtegrad	Neue Angaben Summe Erdalkalien (mmol/l)	Neue Bezeichnung des Härtegrads
1–2	0 bis 8	bis 1,5	**weich**
2–3	8 bis 14	ab 1,5 bis <2,5	**mittel**
ab 3	ab 14	ab 2,5	**hart**

Studien belegen, dass die in Leitungs- oder Mineralwasser enthaltenen Calcium- und Magnesiummengen für die Deckung des Mineralstoffbedarfs nur eine ergänzende Funktion haben. Obwohl die im Wasser gelösten Mineralstoffe gut vom Körper aufgenommen werden können, ist ihr Anteil im Vergleich zu dem in festen Nahrungsmitteln gering. Im Vergleich dazu: Bereits durch den Verzehr einer Scheibe Emmentaler deckt ein Erwachsener seinen Tagesbedarf an Calcium zur Hälfte. Um diese Menge an Calcium über Wasser aufzunehmen, müsste er zirka fünf Liter Mineralwasser mit einem durchschnittlichen Calciumgehalt oder 13 Liter Leitungswasser trinken. Mit 3,5 Scheiben Vollkornbrot deckt ein Erwachsener seinen Tagesbedarf an Magnesium etwa zur Hälfte. Dafür müsste er mindestens drei Liter Mineralwasser mit einem durchschnittlichen Magnesiumgehalt oder 12,5 Liter Leitungswasser trinken.

WIE LANGE KANN MAN ABGEFÜLLTES LEITUNGSWASSER STEHEN LASSEN?

Wird das Wasser frisch aus der Leitung in einen sauberen Krug oder eine saubere Sportflasche gefüllt, ist es mehrere Stunden genusstauglich. Aber vor allem im Sommer bei warmen Temperaturen können sich nach längeren Standzeiten an sich harmlose »Umweltkeime« vermehren. Diese kommen natürlicherweise in der Umgebung vor und werden auch bei anderen Lebensmitteln nachgewiesen.

Der Entwicklungsbericht der UNESCO (2003) ordnete die Wasserqualität in Deutschland auf Platz 57 ein. Ist die Qualität doch nicht so hoch wie immer gesagt? Es lohnt sich, die Ergebnisse der Studie genauer zu betrachten. Darin untersucht und miteinander verglichen wurden nicht, wie irrtümlich verbreitet, die Trinkwässer der untersuchten Länder. Stattdessen fand ein Vergleich der Wasserqualität in den verschiedenen Gewässern statt. Dabei waren für das Ranking folgende Qualitätsindikatoren entscheidend: »gelöster Sauerstoff«, »Schwebstoffe«, »Phosphor« und »Leitfähigkeit«. Diese Parameter entsprechen nach Ansicht des Bundesverbandes der deutschen Energie- und Wasserwirtschaft e.V. (BDEW) nur bedingt den in der Europäischen Union geltenden Qualitätsvorschriften für Gewässer. Um zu einem objektiven Ranking zu gelangen, ist es beispielsweise notwendig, auch den Eintrag von Schwermetallen zur Bewertung der industriellen Belastung oder den Stickstoffgehalt als Bewertungskriterien mit aufzunehmen. Insgesamt ist festzuhalten, dass die Wasserqualität in den deutschen Gewässern in den letzten Jahrzehnten deutlich besser geworden ist. Vielerorts wird heute eine gute Gewässergüte erreicht. Das ist unter anderem auf den verstärkten Ausbau der Kläranlagen zurückzuführen. Um die Gewässer zu schützen, machen sich die Wasserversorgungsunternehmen in Deutschland seit vielen Jahren für den vorbeugenden, nachhaltigen Gewässerschutz stark.

IST DER EINSATZ VON WASSERFILTERN SINNVOLL?

Aus gesundheitlicher Sicht muss Trinkwasser in Deutschland im Haushalt nicht nachbehandelt werden. Falls das Trinkwasser jedoch sehr hart ist, kann der Einsatz eines Wasserfilters zur Härtereduzierung vor der Zubereitung bestimmter Nahrungsmittel sinnvoll sein. Insbesondere für das Aufbrühen von Tee und Kaffee ist calcium- und magnesiumreiches, also hartes Wasser, geschmacklich nicht erwünscht. Hier kann ein Wasserfilter helfen.

Auch bei stärkerer Anreicherung des Trinkwassers mit Chlor ist der Einsatz von Wasserfiltern zur Aufbereitung des Trinkwassers sinnvoll. Diese Wasserfilter entziehen der Flüssigkeit nicht nur Kalk und andere gesundheitsschädliche Stoffe, sie reduzieren auch den Anteil von Blei und Chlor erheblich. Denn neben dem gesundheitlichen Aspekt können sich Aromastoffe in einem geschmacks- und geruchsneutralen Wasser besser entfalten. Dies kann sich auch auf die Zubereitung von Speisen positiv auswirken. Jedoch müssen die Filter regelmäßig gereinigt und gewechselt werden, um eine Verkeimung zu verhindern.

MUSS MAN DAS WASSER VOR GEBRAUCH ABLAUFEN LASSEN?

Wasser ist ein verderbliches Lebensmittel. Eine längere Lagerung beeinträchtigt seine Qualität. Es kann Schwermetalle aus den Wasserleitungen und Armaturen aufnehmen, es kann verkeimen. Falls also aus dem Wasserhahn über einen längeren Zeitraum kein Trinkwasser entnommen wurde, ist eine Qualitätsbeeinträchtigung möglich. In diesem Fall sollte man das Wasser ablaufen lassen, bis es merklich kühler aus der Leitung kommt. (Das Wasser kann man auffangen und zum Blumengießen verwenden, damit es nicht verschwendet wird!)

Das Umweltbundesamt empfiehlt Wasser, das länger als vier Stunden in den Leitungen gestanden hat, nicht mehr für die Zubereitung von Säuglingsnahrung zu verwenden.

»*Alles ist aus dem Wasser entsprungen!*
Alles wird durch Wasser erhalten!
Ozean, gönn uns dein ewiges Walten.
Wenn du nicht in Wolken sendetest,
Nicht reiche Bäche spendetest,
Hin und her nicht Flüsse wendetest,
Die Ströme nicht vollendetest,
Was wären Gebirge, was Ebnen und
Welt? Du bist's der das frischeste
Leben erhält.«

(JOHANN WOLFGANG VON GOETHE)

WASSER IN DER LEITUNG

Blei-Rohre

Alte Bleirohre sind meist grau und man kann sie häufig etwas einritzen. In Altbauten, die älter als 30 Jahre sind, stößt man noch ab und zu auf solche Leitungen.

Der Grenzwert für Blei beträgt 25 Mikrogramm pro Liter. Vor allem wenn Wasser längere Zeit in der Leitung gestanden hat, sollte man es vor dem Gebrauch einige Minuten ablaufen lassen. Säuglinge, Kleinkinder und Schwangere sollten kein Wasser aus Bleirohren zu sich nehmen.

Kupfer-Rohre

Kupferrohre oder -boiler können für erhöhte Kupferwerte im Leitungswasser verantwortlich sein. Ob im Haus Kupferrohre verbaut sind, kann man leicht erkennen, wenn sich das Sieb im Wasserhahn nach einiger Zeit leicht grün verfärbt. Wenn Wasser längere Zeit steht, kann es zu einer überhöhten Belastung des Trinkwassers kommen. Für Kleinkinder und Säuglinge ist eine erhöhte Aufnahme von Kupfer schädlich.

Zink-Rohre und Cadmium

Verzinkte Rohre können besonders viel Cadmium enthalten, wenn das verwendete Zink schlecht gereinigt wurde. Das Cadmium kann dann ins Trinkwasser übergehen. In hohen Mengen (ab 30 Milligramm) stellt Zink eine Gefährdung dar und die Folgen sind Übelkeit und Erbrechen. Solche hohen Mengen kommen aber nur sehr selten in Trinkwasser vor.

Falls Zweifel über die Trinkwasserqualität bestehen, sollte man den Hausmeister, Vermieter oder Eigentümer ansprechen. Sicherlich hat dieser auch ein großes Interesse daran, dass die Wasserqualität in Ordnung ist!

Die Kupferrohrfrage ist geklärt

Unentbehrlich für jeden, der an dieser Frage interessiert ist, sind folgende von uns als Sonderdrucke kostenlos zu beziehende Veröffentlichungen:

- Das Kupfer im Wasserleitungsbau in physikalischer, chemischer und gesundheitlicher Beziehung
- Das Verhalten von Kupfer und Zink und ihren Legierungen gegenüber Leitungswasser
- Soll man Kupfer verzinnen oder nicht?

Teilen Sie uns umgehend Ihren Bedarf mit

Deutsches Kupfer-Institut e.V.
BERLIN W 9, Linkstr. 19, Fernruf: Lützow 1941

KEIN TRINKWASSER

Lebendiges Wasser

DIE WERTSCHÄTZUNG DES WASSERS

Wasser setzt sich rein technisch gesehen aus den chemischen Elementen Wasserstoff und Sauerstoff zusammen. Dies wurde im 18. Jahrhundert entdeckt, von Antoine Lavoisier. Der irische Chemiker Robert Boyle schreibt in seinem Buch »The Sceptical Chymist« über die Elementenlehre von Aristoteles und erkennt, dass Eigenschaften des Wassers, aber nicht die Stoffe beschrieben wurden. Heutzutage wissen wir genau um die Analysen von Wasser, sind uns aber nicht mehr der »Lebendigkeit«, der Struktur des Wassers bewusst. Wie auch? Die Industrialisierung bringt »gereinigtes Wasser« hervor – mit hervorragender Trinkwasserqualität. Doch der japanischen Professor Masaru Emoto meint: »Die Struktur, die perfekte Flüssigkristallstruktur ist allerdings nur in hochwertigem energiereichen Quellwasser – aufgeladen durch die Kräfte der Erde – oder im Gletscherwasser vorhanden. Industriell ›bearbeitetes‹ Wasser (Leitungswasser) ist meist wenig bis gar nicht strukturiert, da die höhere Ordnung durch den hohen Druck, durch Pumpen usw. zerstört wird. Das gilt übrigens auch für industriell abgefülltes Mineralwasser.«

Masaru Emoto hat in jahrelanger Forschung die Speicherung von Informationen im Wasser nachgewiesen und dokumentiert. Er hat Wasser aus den verschiedensten Regionen der Erde untersucht. Nach Einfrieren der Wasserproben unter konstanten Laborbedingungen wurden die dabei gebildeten Kristalle unter dem Mikroskop fotografiert. Die Kristallbilder zeigten völlig unterschiedliche Formen, je nach Informationsgehalt! Hochwertiges Quellwasser oder Wasser aus berühmten Heilquellen (Lourdes, Fatima) bildeten vollendet strukturierte Kristalle. Industriell behandeltes Wasser brachte unansehnliche oder fast nicht erkennbare Kristallstrukturen zum Vorschein.

Doch woher bekommt man lebendiges Wasser? Laut Emoto wird lebendiges, strukturiertes Wasser vom Körper besser aufgenommen. Es transportiert Nährstoffe und Mineralien und fördert die Ausscheidung von Schadstoffen und Giften aus dem Körper. Die positiven Schwingungen und Informationen des lebendigen Wassers übertragen sich ähnlich wie bei homöopathischen Zubereitungen durch die Resonanz auf die Organe des Menschen. Deshalb sei es besonders wichtig, lebendiges Wasser zu trinken!

Es gibt viele Möglichkeiten, »lebendiges Wasser« zu bekommen. Die Angebote, besonders im Internet, sind vielfältig und zahlreich. In vielen Lifestyle-Magazinen und auch im naturheilkundigen, homöopathischen Bereich wird immer stärker über das so genannte lebendige Wasser gesprochen, also Wasser, wo durch Edelsteine (Bergkristall, Rosenquarz) oder Filtersysteme die natürliche Kristallstruktur wiederhergestellt wird.

EIN BEISPIEL FÜR »KRISTALL-WASSER«

Mit viel Liebe, Umsichtigkeit, Respekt vor der Natur und Interesse an neuem/altem Wissen kommt folgendes Wasser auf den Tisch: Pino Bianco, Inhaber von der Trattoria á Muntagnola in Berlin (www.muntagnola.de), serviert Kristallwasser in Flaschen mit Schnappverschluss, die auf dem Flaschenboden kleine Steine zeigen: »Cristallina«, frisch gefiltertes Trinkwasser mit Kristallen. Dieses besondere Kristallwasser wird mit einem aufwändigen Verfahren gefiltert, dann mindestens 24 Stunden mit Kristallen, wie z. B. Rosenquarz, Bergkristallen und Amethysten, kühl gelagert. Einmal im Monat werden diese Kristalle bei Vollmond im Freien generiert, damit sie ihre positive Energie beibehalten.

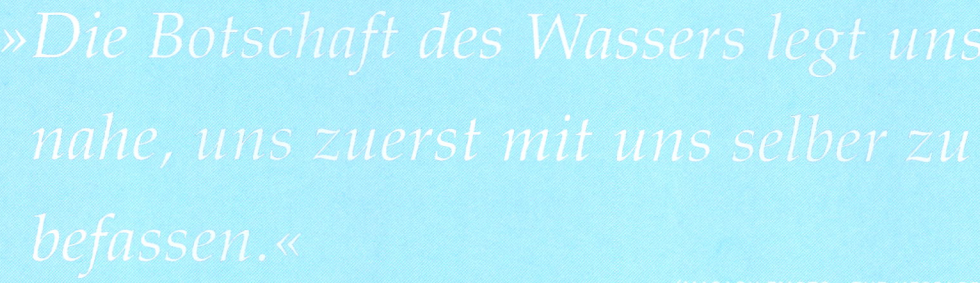

»Die Botschaft des Wassers legt uns nahe, uns zuerst mit uns selber zu befassen.«

(MASARU EMOTO, »THE MESSAGE OF WATER«)

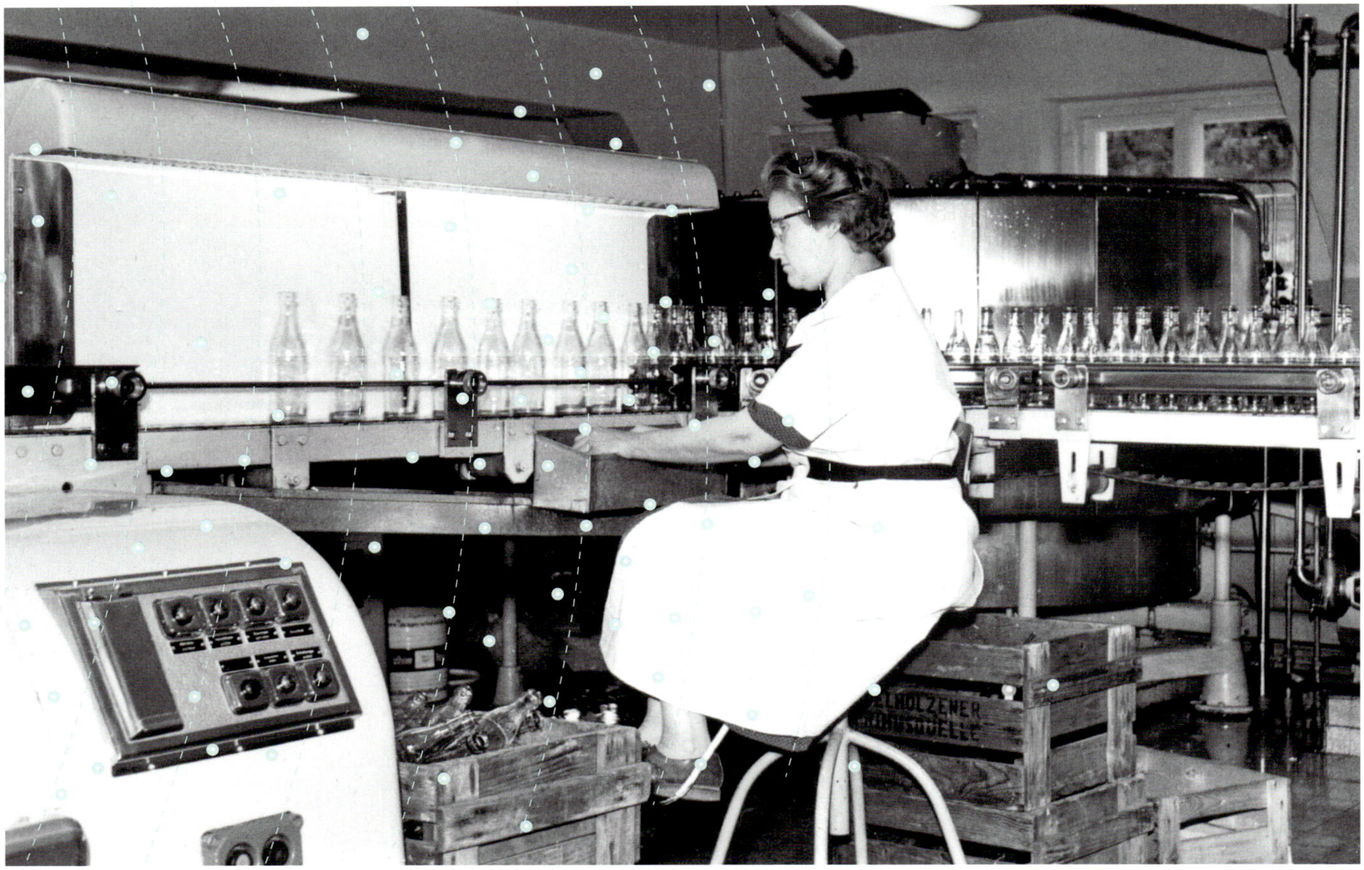

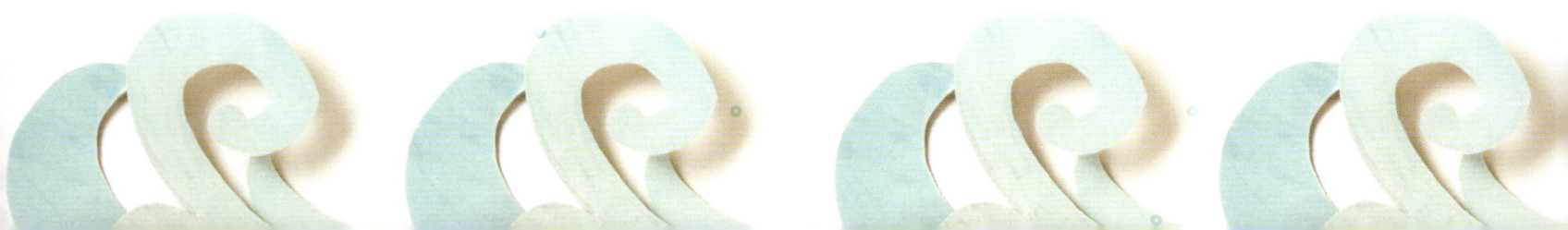

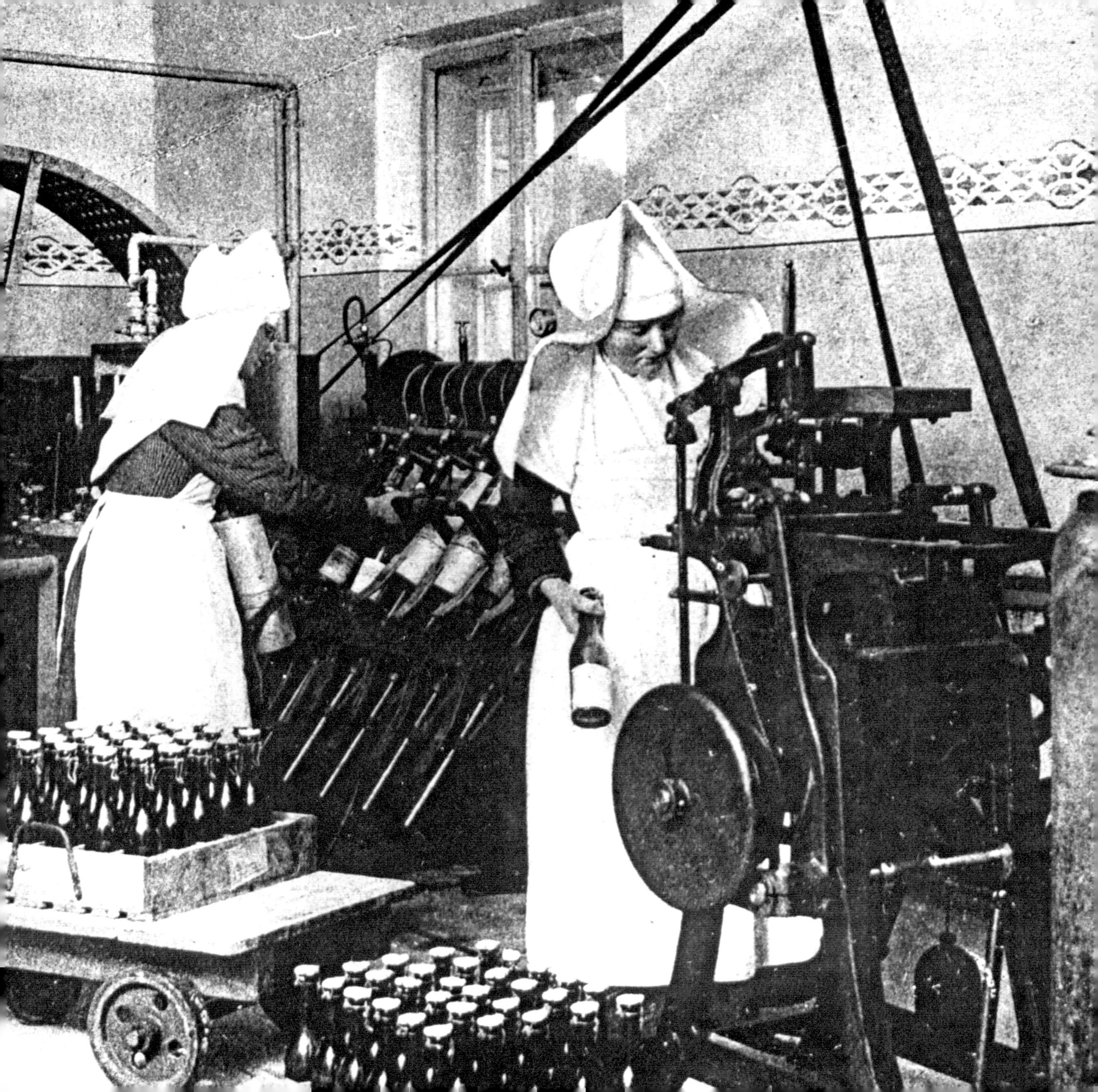

WASSER

MER

H₂O

OCEAN

FAKTEN UND TATSACHEN

- Das Wort Wasser leitet sich vom altgermanischen »wazzar«, das Feuchte, Fließende, ab.

- Der Mensch unterscheidet sich auch dadurch vom Tier, als er trinken kann, ohne Durst zu haben. Dies verweist auf eine kulturell relevante Differenz, nämlich auf den Unterschied zwischen Instinkt und Begehren. Deutlich wird dies auch im Sprichwort »Man kann ein Pferd zur Tränke führen, aber nicht zum Saufen zwingen.«

- Wasser mit und ohne Kohlensäure ist das ideale Getränk, denn es liefert 100 % Flüssigkeit bei Null Kalorien.

- Legt man die Empfehlungen der Deutschen Gesellschaft für Ernährung zugrunde, müsste man 550 Liter jährlich trinken. Wer am Tag 1,5 Liter (am besten kaltes) Wasser trinkt, verbraucht damit automatisch 200 Kalorien.

- Marktführer ist immer noch das traditionelle Mineralwasser mit Kohlensäure, aber in den letzten 10 Jahren hat sich der Absatz an stillen Mineralwässern versiebenfacht.

- Zwei Milliarden Menschen weltweit haben keinen Zugriff auf sauberes Wasser.

- Laut Untersuchungen der UNESCO werden gegenwärtig ca. 70 % des von Menschen genutzten Frischwassers in der Landwirtschaft im Bewässerungsanbau eingesetzt. Für den Anbau eines Kilogramms Rohbaumwolle in Usbekistan braucht man bis zu 30.000 Liter Frischwasser. Durch eine derart intensive Anbaumethode wurde zum Beispiel innerhalb einer Menschengeneration der Aralsee, vor 50 Jahren mit einer Fläche der Größe Belgiens eines der größten Frischwasserreservoirs der Erde, zu einem dreimal kleineren hoch belasteten Gewässer.

- Zur Produktion von 1 Kilogramm Freilandtomaten aus Spanien werden 40 Liter Wasser benötigt, zur Produktion von 1 Kilogramm mageres Rindfleisch sogar 5.000 bis 10.000 Liter!

- 1,72 Milliarden Flaschen waren im Jahr 2002 als Mehrwegprodukte im Umlauf, davon waren 950 Millionen klare Perlenflaschen, 470 Millionen grüne Perlenflaschen und 300 Millionen PET-Flaschen. Die grünen Flaschen enthalten in der Regel Heilwässer oder Mineralwässer mit reduziertem Kohlensäuregehalt. Etwa 75 Prozent der Altflaschen können nach einer Reinigung des Altmaterials wieder verwendet werden: Glas-Mehrwegflaschen 40 bis 50 Mal, PET-Flaschen 15 bis 20 Mal.

- Deutschland ist eines der wenigen Länder der Welt mit einer 100%igen Ver- und Entsorgung von Wasser durch 6.560 Wasserversorgungsbetriebe und 7.159 Abwasserentsorgungsunternehmen. Politisch sind drei Grundsätze in Deutschland bei der Wasserversorgung handlungsleitend: hohe Trinkwasserqualität, hohe Versorgungssicherheit und Kostendeckung. Innerhalb der EU plädiert Deutschland deshalb gegen eine Privatisierung der Wasserversorgung.

- Seit 1993 findet jedes Jahr am 22. März der Weltwassertag statt. Vorgeschlagen wurde er in Rio de Janeiro in der Agenda 21 der UN-Konferenz für Umwelt und Entwicklung und am 22.12.1992 in einer Resolution der UN-Generalversammlung beschlossen.

- Etwa 30 % aller Frauen in Ägypten gehen über eine Stunde pro Tag, um ihren Wasserbedarf zu decken.

- Die Gesamtzahl wasserbezogener Ereignisse zwischen Nationen weist 507 Konfliktsituationen und 1228 kooperative Situationen auf. Hintergrund ist, dass gewaltsame Auseinandersetzungen um das Wasser strategisch nicht rational, nicht effektiv und ökonomisch nicht realisierbar sind.

- Der Wasserpreis pro Kubikmeter ist auch in den Industrienationen sehr unterschiedlich: So kostet ein Kubikmeter in Deutschland umgerechnet 1,91 US-Dollar, in Dänemark 1,64 US-Dollar, in Australien sogar nur 0,50 US-Dollar und in Kanada etwa 0,40 US-Dollar.

- Etwa 50 % der Feuchtgebiete, die im Jahr 1900 noch vorhanden waren, sind bis zum Ende der 1990er Jahre durch Umwandlung in Ackerfläche zerstört worden.

- Bereits jetzt trägt Wasserkraft viel zur Energiebilanz der Welt bei: 19 % der gesamten Stromerzeugung stammt aus Wasserkraft (2740 Terawatt pro Stunde im Jahr 2001).

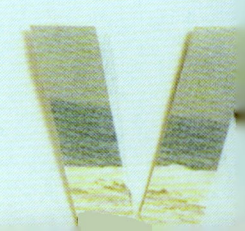

JASSER

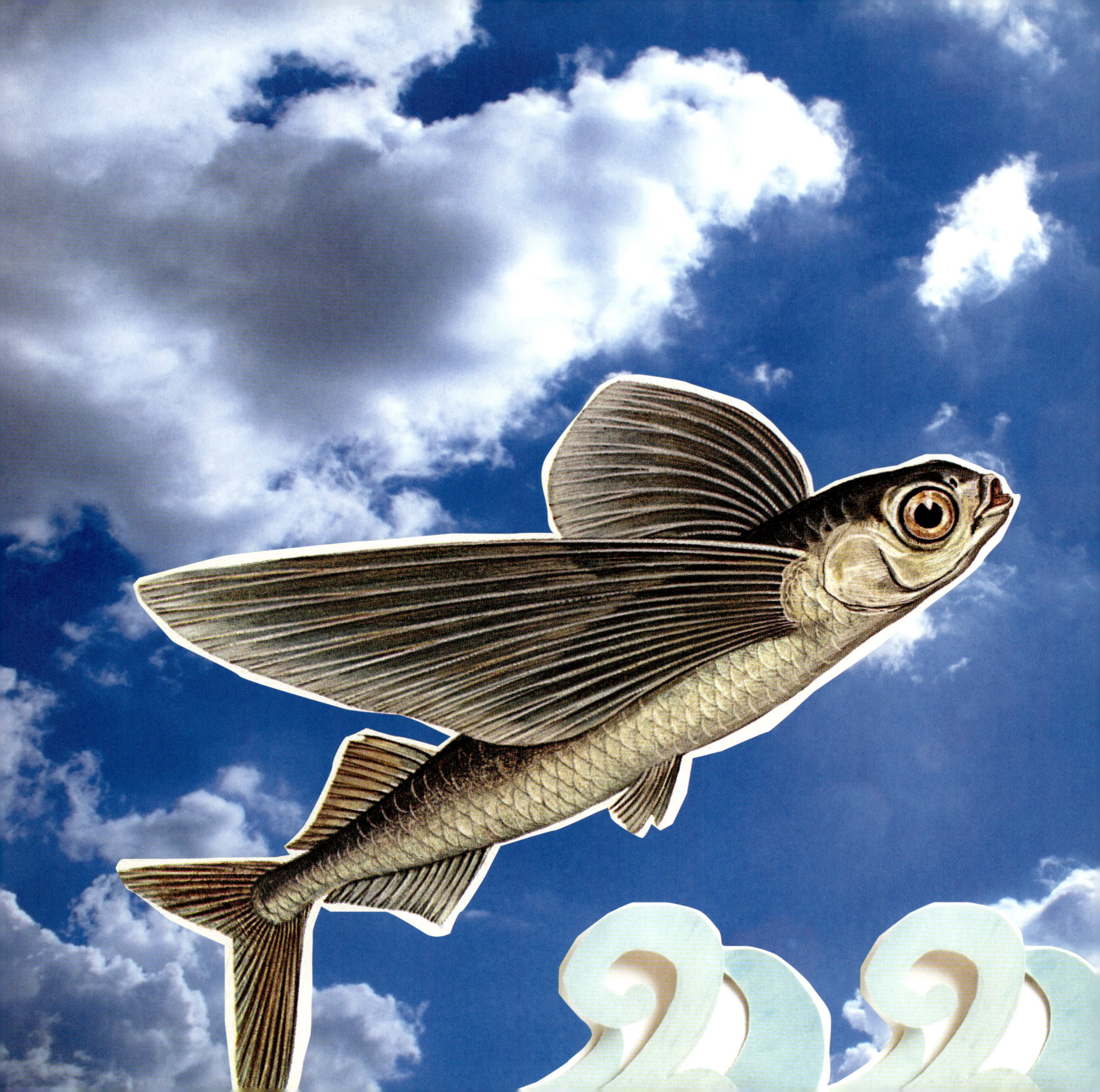

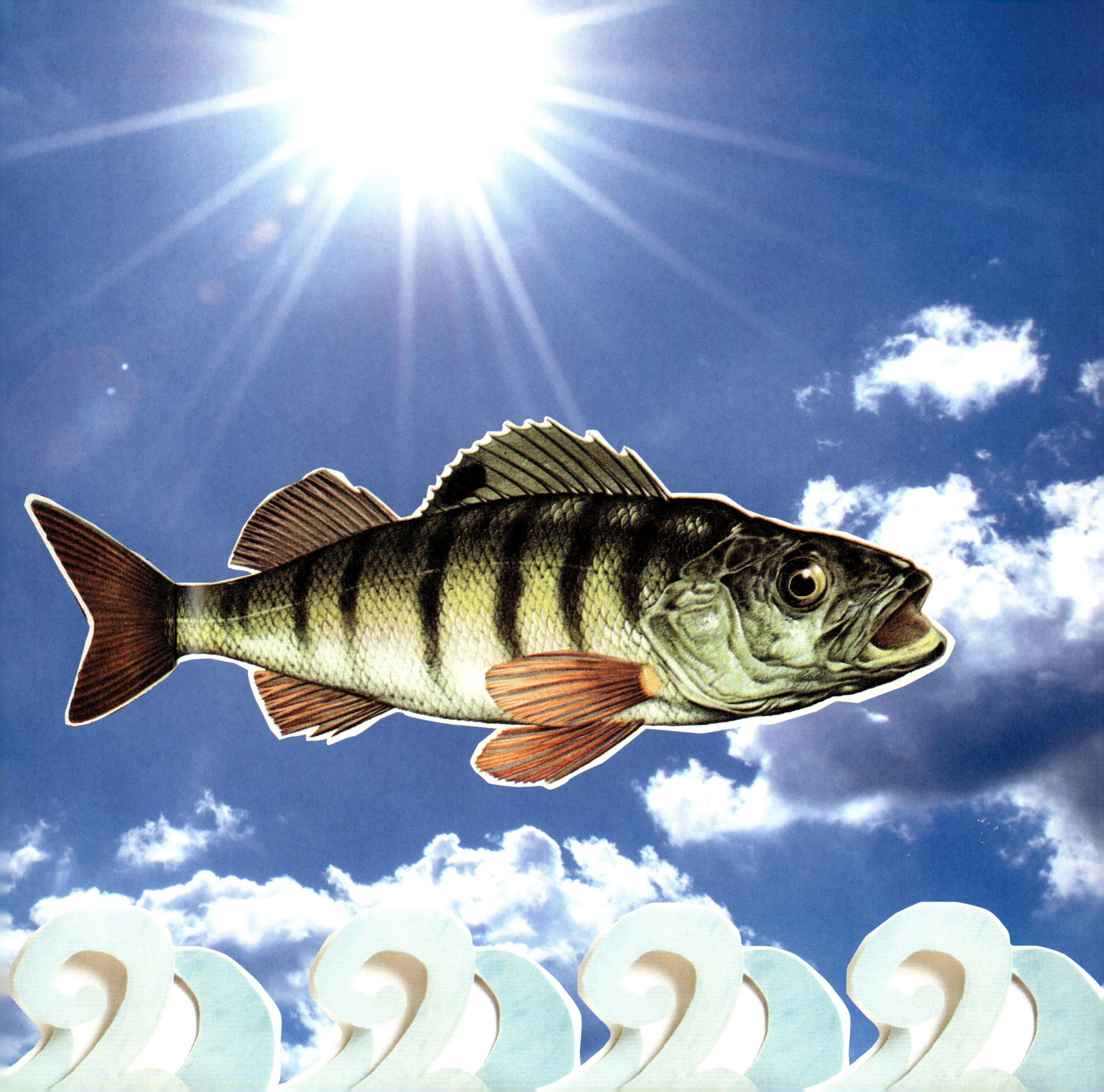

»*Der Zugang zu einem Minimum von 20 Liter sauberem und finanziell erschwinglichem Wasser pro Tag ist ein Menschenrecht!*«

(WELTGESUNDHEITSORGANISATION)

WASSER ALS RESSOURCE

Etwa 70 Prozent der Erdoberfläche sind mit Wasser bedeckt, doch von den 1,4 Milliarden Kubikmeter Wasser sind rund 97 Prozent Salzwasser. Von den zirka 3 Prozent Süßwasser ist lediglich ein kleiner Teil als Trinkwasser verfügbar, der größte Teil ist in den polaren Eiskappen, in Gletschern, im Boden und in der Atmosphäre gebunden.

Sauberes Trinkwasser ist für uns Menschen einfach lebensnotwendig, aber wenn man sich die Fakten genauer ansieht, kommen Fragen auf, ob wir mit unseren Wasserressourcen wirklich gut umgehen!

Wasser ist eine begehrte Investition. Wasser wird global gesehen in Zukunft immer knapper, und daher als Anlageobjekt zunehmend interessant. Seit einigen Jahren ist ein regelrechter Trend zu Wasserinvestments festzustellen. Da man bei Wasser nicht wie bei anderen Rohstoffen direkt auf Preisveränderungen spekulieren kann, können Anleger nur in Unternehmen investieren, die im Wasserbereich arbeiten. Der Markt für Wassertechnologien und Dienstleistungen wird von der Züricher Kantonalbank auf rund 420 Mrd. US-Dollar jährlich geschätzt.

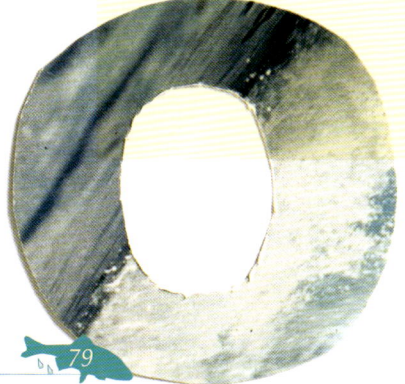

WASSER IN DEUTSCHLAND

Der durchschnittliche deutsche Bürger verbraucht am Tag etwa 130 Liter Wasser, wobei zum Trinken und Kochen etwa nur 2 bis 3 Liter davon verwendet werden. Der größte Teil wird in den Toiletten durchgespült – etwa 44 Liter am Tag!

Allerdings gibt es einen positiven Trend in den letzten 30 Jahren: Der deutsche Bundesbürger verbraucht von Jahr zu Jahr weniger Wasser. In den 1970er Jahren lag der durchschnittliche Verbrauch noch etwa bei 180 Litern pro Tag und Kopf. Den gleichen Trend sieht man auch in der Industrie: Der Wasserbedarf ist durch Recycling und Wasserkreisläufe um ein Drittel verringert worden.

Umso wichtiger ist es aber, dass dieser Trend weiterhin gestärkt wird. Also mehr duschen – weniger baden! Bei der Toilette vielleicht auch mal den Hebel nicht ganz durchdrücken oder am besten einen WC-Wasserstop für sparsames Spülen nutzen. Mit solchen einfachen Mitteln spart man nicht nur Wasser, sondern schont auch den eigenen Geldbeutel, denn für Wasser und auch Abwasser zahlt man einiges!

WASSER WELTWEIT

Auf der Erde ist theoretisch genug nutzbares Süßwasser vorhanden. Allerdings ist es geografisch und saisonal (durch Regenzeiten, Dürren etc.) sehr ungleich verteilt. Es gibt wasserreiche Länder wie etwa Kanada und wasserarme Länder wie Äthiopien oder Namibia.

Durch die klimatische und geografische Lage leiden vor allem Länder in den Trockenzonen der Erde unter Wassermangel. Diese Länder haben sich jedoch über viele Jahre auf die Situation eingestellt und Systeme für eine organisierte Verteilung des Trinkwassers entwickelt, wie z. B. in den Oasenstädten. Durch den Klimawandel spitzt sich jedoch jetzt die Situation zu. Der Wassermangel in den heute bereits bestehenden Trockenregionen wird sich voraussichtlich weiter verschärfen. Die Folgen sind dramatisch: Nach Angaben der Weltgesundheitsorganisation (WHO) sterben jährlich rund 2,2 Millionen Menschen an Infektionskrankheiten, die sie sich durch unsauberes Trinkwasser oder unzureichende Sanitäreinrichtungen zuziehen.

Durch die überhöhte Nutzung der Wasservorkommen werden häufig Ökosysteme zerstört oder geschädigt. Sinkt der Grundwasserspiegel, trocknen beispielsweise Sümpfe und andere Feuchtgebiete aus. Ganze Seen können verschwinden und mit ihnen natürlich das gesamte Ökosystem. Und was sind jetzt die Wege aus der Krise? Sicherlich eine gerechte und angemessene Aufteilung des in Maßen entnommenen Wassers und ein Verbleib in den Ökosystemen, um deren Bestand zu sichern. Positiv ist es auch, dass zwischen vielen einzelnen Staaten bereits ein Gewässermanagement betrieben wird, wobei darauf geachtet wird, wie viel Wasser entnommen wird und wie viel Abwasser zugeführt werden darf.

Sauberes Trinkwasser, wie in Deutschland, ist weltweit aber noch keine Selbstverständlichkeit. Wo sanitäre Mindeststandards fehlen, wo also die Exkremente ungefiltert abfließen, landen Krankheitserreger im Grund- und Oberflächenwasser, das die Bewohner trinken und mit dem sie kochen und waschen. Nach Schätzungen des Internationalen Wasserinstituts in Stockholm sterben deshalb täglich 5.000 Kinder an Durchfall.

In der Dominikanischen Republik und auf Kuba sollte man das Leitungswasser nicht als Trinkwasser verwenden. Hier kauft man besser im Supermarkt abgepacktes Wasser. In Vietnam und Kolumbien ist es sogar noch etwas brisanter. Hier sollte man auf gar keinen Fall das Leitungswasser zum Trinken benutzen, sowie auch nicht zum Geschirrspülen oder zum Zähneputzen verwenden. Da hilft der Supermarkt ebenfalls mit abgepacktem Wasser. In El Salvador ist es empfohlen nur absolut sauberes Trinkwasser (Agua pura) zu verwenden. Leitungswasser sollte abgekocht sein. Auch in Georgien und Rumänien ist das Leitungswasser kein Trinkwasser, hier wird von ungefiltertem Leitungswasser abgeraten. Wird das Wasser als Trinkwasser genutzt, sollte man es zuvor abkochen. Um sich vor verunreinigtem Trinkwasser zu schützen, sollte man in jedem Fall nur Getränke in abgepackten Behältern zu sich nehmen und auf Eiswürfel verzichten. In Los Angeles ist das Leitungswasser mit soviel Chlor versetzt, dass man nach dem Duschen so riecht, als ob man gerade aus einem öffentlichen Schwimmbad kommt. Das gleiche gilt in den Restaurants. Es ist zwar toll, wenn man Wasser automatisch und umsonst gereicht bekommt, aber wer keinen Chlorgeschmack haben möchte, sollte darauf verzichten und ein Flasche Mineralwasser bestellen. Bei den Eiswürfeln ist es das gleiche Problem, deswegen am Besten sämtliche Kaltgetränke ohne Eiswürfel bestellen. Man wird zwar komisch angeschaut, da in der amerikanischen Philosophie in jedes Kaltgetränk Eiswürfel gehören, aber bestellt wurde ja z. B. eine Vanille- oder Cherry Cola und keine Chlor Cola!

Am besten ist es, wenn man sich vor Reiseantritt, zum Beispiel auf den Seiten des Auswärtigen Amtes, über die jeweiligen medizinischen Hinweise des Reiselandes und die Qualitäten des Wassers genauestens informiert.

»Den wahren Wert eines guten Mineralwassers habe ich auf meinen Reisen in die USA schätzen gelernt. Überall wird einem, zwar in guter Absicht, kostenlos Leitungswasser angeboten. Doch das schmeckt so chlorhaltig und zerstört den subtilen Geschmack des Essens und der Weine, dass man gleich ein richtiges Mineralwasser bestellen sollte!«
(HENDRIK THOMA, MASTER-SOMMELIER)

WASSER ALS MILITÄRISCHES WERKZEUG

Häufig wurde die Kontrolle über das Wasser als militärisches Werkzeug benutzt, die Wasserversorgung war Ziel militärischer oder terroristischer Angriffe oder Überflutungen wurden strategisch eingesetzt.

So öffneten 1672 die Holländer ihre Deiche und überfluteten ihr Land, um die Truppen des französischen Königs Louis XIV. aufzuhalten. Deutsche Truppen vergifteten 1915 die Brunnen der Stadt Windhoek, bevor sie sich vor den anrückenden Truppen der Südafrikanischen Union zurückzogen. 1943 bombardierte die britische Royal Air Force die Staudämme von Möhne, Sorpe und Eder.

In Vietnam, Kuwait, Irak oder dem Kosovo wurden Wasserreservoirs und Entsalzungsanlagen bombardiert und zerstört. 1990 drehte die Türkei mit Hilfe des Atatürk-Staudamms dem Land Syrien das Wasser des Euphrat ab. Ziel war doch jeweils nicht der Zugang zum Trinkwasser, sondern nur die Schwächung der Gegner.

»Das Land wird Meer, doch es wird frei!«

(AUS DEM FRANZÖSISCH-NIEDERLÄNDISCHEN KRIEG ÜBERLIEFERT)

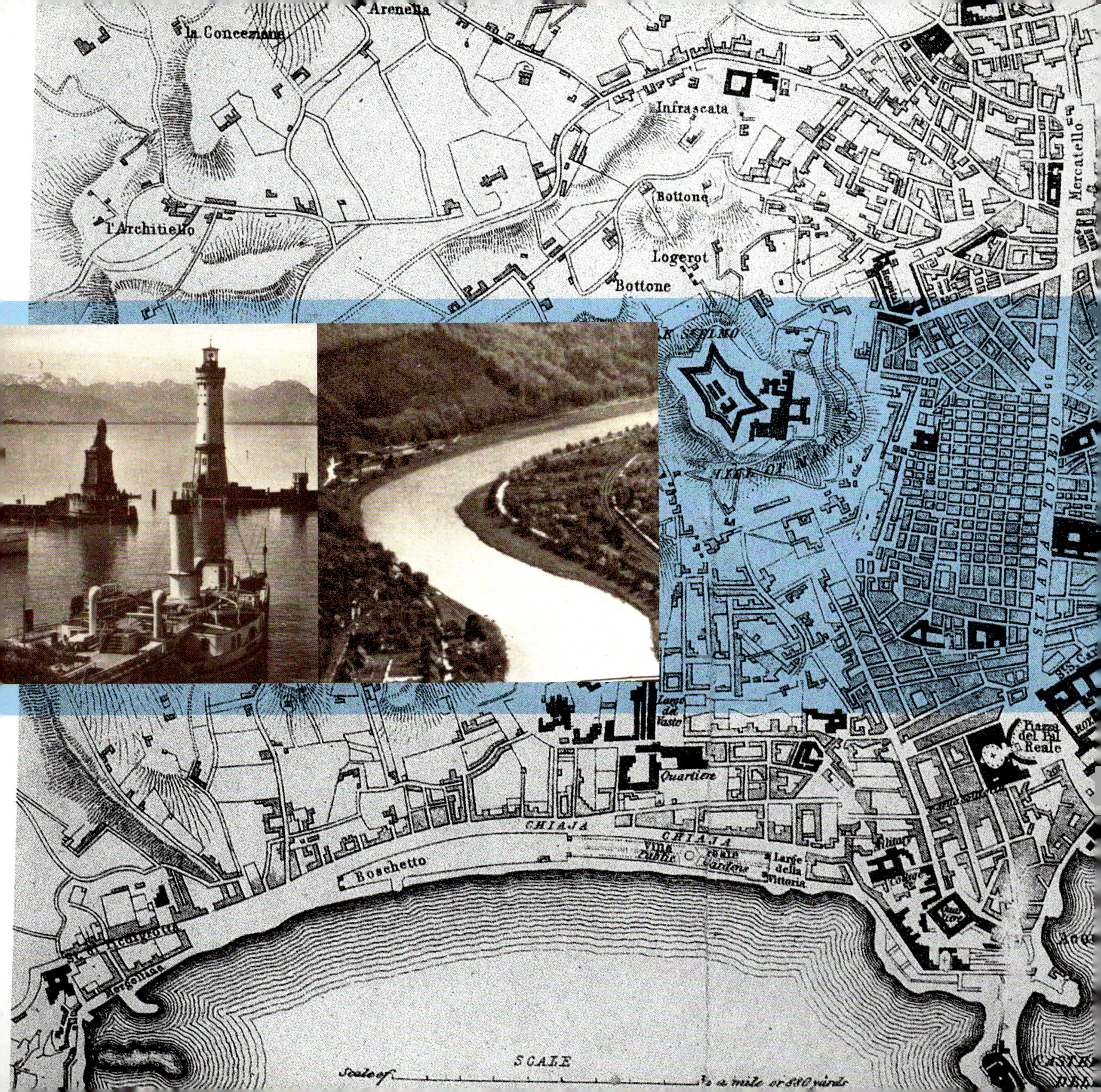

Arenella
la Concezione
Infrascata
Mercatello
Bottone
l'Architiello
Logerot
Bottone
Quartiere
CHIAJA
CHIAJA
Villa Reale
Largo della Vittoria
Boschetto
Piazza del Pal Reale
STRADA TOLEDO
SCALE

NAPLES.
S.M. delle Grazie
ARENACCIA
NOLANA
MERCATO Market
MARINELLA
Loreto del Ponte
River Sebeto
Tav.
Royal Magazine
Small Harbour
Deputazione della Salute
Little Mole
GREAT HARBOUR
Great Mole
St Gennaro Point
Light House
CASTELLO NUOVO
rea

LES ESTATS
DE LA COURONNE DE
PORTUGAL
LA GRANDE
MER
Riva
BE
NASS

ARBEITEN MIT DEM NASSEN ELEMENT

»*Wenn Du ein Schiff bauen willst, so trommle nicht Männer zusammen, um Holz zu beschaffen, Werkzeuge vorzubereiten, die Arbeit einzuteilen und Aufgaben zu vergeben, sondern lehre die Männer die Sehnsucht nach dem endlosen weiten Meer!*«

(ANTOINE DE SAINT-EXUPÉRY)

Wasser ist nicht nur ein unverzichtbares Lebensmittel, sondern auch ein bedeutender Wirtschaftsfaktor. Zahlreiche Produktionsprozesse sind auf Wasser angewiesen, kaum eine Arbeit kann ohne Wasser verrichtet werden. Wasserberufe beschäftigen in Deutschland mehrere hunderttausend Menschen – vom Bootsbauer und Bademeister bis zum Rettungsschwimmer und Gewässerschutzbeauftragten.

Bootsbauer

Bootsbauer/innen bauen, warten und reparieren alle Arten von Sportbooten und Nutzfahrzeugen der Fluss-, See- und Binnenschifffahrt. Hauptsächlich arbeiten Bootsbauer/innen in Bootsbau- und Reparaturwerkstätten, auf Bootswerften sowie in Zulieferbetrieben für Bootsteile aus Kunststoff oder Holz. Sie konstruieren die Boote und führen sämtliche erforderlichen Arbeiten aus – vom Bau des Rumpfes bis zur Kajüte. Es wird auch in Gestaltungsfragen ein kompetentes Wort erwartet. Welche Werkstoffe verwendet werden, richtet sich nach dem Einsatz und den Anforderungen des jeweiligen Bootes. Be- und verarbeitet werden Holz, Metall, Kunststoffe und verschiedene Verbundwerkstoffe in den entsprechenden Techniken.

»Lernen ist wie Rudern gegen den Strom.

Hört man damit auf, treibt man zurück.«

(LAOTSE)

Wasserbauer

Ufer befestigen, Wasserstraßen instand setzen, Reparaturen an Stauanlagen durchführen, all das gehört zu den Aufgaben als Wasserbauer/in. Wasserbauer/innen sind insbesondere bei Dienststellen der Wasser- und Schifffahrtsverwaltung und in Betrieben des gewerblichen Wasserbaus beschäftigt.

Binnenschiffer/in

Binnenschiffer/innen führen und steuern Schiffe auf Binnengewässern, transportieren Güter und befördern Fahrgäste. Hauptsächlich arbeiten Binnenschiffer/innen in Betrieben der Güter- und Personenbeförderung der Binnenschifffahrt, in (Binnen-)Hafenbetrieben und -behörden und bei Wasser- und Schifffahrtsämtern. Darüber hinaus sind sie im Hafenbau, im Schiffbau, bei der Vermietung von Wasserfahrzeugen und beim Frachtumschlag beschäftigt.

Fachkraft für Wasserversorgungstechnik

Fachkräfte für Wasserversorgungstechnik bedienen und überwachen Maschinen und Anlagen, die Wasser fördern, aufbereiten oder weiterleiten, und verlegen Rohrleitungen. Hauptsächlich arbeiten Fachkräfte für Wasserversorgungstechnik bei kommunalen oder industriellen Wasserwerken, Wasseraufbereitungsunternehmen und Pumpstationen. Darüber hinaus sind sie in Tiefbauunternehmen tätig, z. B. im Brunnen- oder Wasserbau. Auch in Analyselabors für Wasserqualität oder in (Pump-)Wasserkraftwerken können sie beschäftigt sein.

Rohrleitungsbauer/in

Rohrleitungsbauer/innen verlegen und montieren Druckleitungen. Sie stellen Rohrleitungssysteme für Wasser, Gas, Öl oder Fernwärme her und warten diese. Rohrleitungsbauer/innen arbeiten vor allem bei Tiefbauunternehmen, z. B. im Kanal- und Abwasserleitungsbau sowie im Wasser- und Brunnenbau. Beschäftigungsmöglichkeiten bieten sich darüber hinaus in Unternehmen der Abwasserwirtschaft und der Energie- und Wasserversorgung.

Drainagearbeiter/in

Drainagearbeiter/innen entwässern Untergründe und legen sie mit Hilfe von Schläuchen und Rohren trocken. Sie arbeiten in Unternehmen der Baustellenvorbereitung, bei Tiefbau-, Straßenbau- und Wasserbauunternehmen sowie im Garten- und Landschaftsbau im Bereich Drainagearbeiten. Auch in der öffentlichen Verwaltung, z. B. bei Wasser- und Schifffahrtsämtern, können Drainagearbeiter/innen tätig sein. Darüber hinaus bieten sich Beschäftigungsmöglichkeiten in Hochbauunternehmen. Um diese Tätigkeit ausüben zu können, wird üblicherweise eine Ausbildung im Tief- oder Wasserbau gefordert.

Wassermeister/in

Wassermeister/innen übernehmen verantwortungsvolle Fach- und Führungsaufgaben in Wasserwerken und Wasserversorgungsbetrieben. Sie leiten die Wassergewinnung, -aufbereitung und -speicherung. Beschäftigung finden sie bei kommunalen oder industriellen Unternehmen in der Wasserversorgung sowie in der Abwasserwirtschaft, vor allem in Wasserwerken oder Kläranlagen. Darüber hinaus können sie auch in der Getränkeherstellung, etwa bei der Wassergewinnung, tätig sein. Wassermeister/in ist eine berufliche Weiterbildung nach dem Berufsbildungsgesetz. Die Meisterprüfung ist bundesweit einheitlich geregelt.

Fachangestellte/r für Bäderbetriebe

Fachangestellte für Bäderbetriebe beaufsichtigen den Badebetrieb in Frei- oder Hallenbädern, betreuen die Badegäste und überwachen die technischen Anlagen. Sie arbeiten hauptsächlich in öffentlichen und privaten Frei- und Hallenbädern, See- und Strandbädern, Meerwasser- und Wellenbädern oder Fitnesszentren. Darüber hinaus bieten sich Beschäftigungsmöglichkeiten in Wellnesshotels, in kommunalen Sportämtern oder in medizinischen Badeeinrichtungen von Rehabilitationskliniken oder Altenheimen.

Rettungsschwimmer/in

Rettungsschwimmer/innen erkennen Gefahren im und am Wasser und leisten Hilfe bei Bade- und Bootsunfällen. Hauptsächlich arbeiten Rettungsschwimmer/innen in Freizeit-, Strand- und Freibädern. Darüber hinaus sind sie in Freizeitparks mit größerem Badebereich und in Ferienparks mit Badeseen und -anlagen tätig. Eine rechtlich geregelte Ausbildung für eine Tätigkeit als Rettungsschwimmer/in gibt es derzeit nicht. Eine Ausbildung als Fachangestellte/r für Bäderbetriebe kann jedoch von Vorteil sein. Darüber hinaus muss man ein Rettungsschwimmabzeichen, eine Erste-Hilfe-Ausbildung und eine gültige ärztliche Tauglichkeitsbescheinigung vorweisen.

Wassersportlehrer/in

Wassersportlehrer/innen vermitteln theoretische Kenntnisse und praktische Fertigkeiten in verschiedenen Wassersportarten wie Segeln, Windsurfen, Wellenreiten, Katamaran- oder Kanufahren. Hauptsächlich arbeiten Wassersportlehrer/innen bei Wassersportvereinen, bei Bootsführer-, Segel- und Surfschulen oder bei professionellen Wassersportmannschaften. Darüber hinaus bieten Reiseveranstalter, Kanuverleiher oder Ferienzentren, die ein entsprechendes Freizeitangebot wie Wasserski- oder Segelunterricht anbieten, Beschäftigungsmöglichkeiten. Um diese Tätigkeit ausüben zu können, wird üblicherweise eine sportpädagogische Ausbildung bzw. ein entsprechendes Hochschulstudium gefordert. Je nach Betätigungsfeld sind unterschiedliche Lizenzen erforderlich.

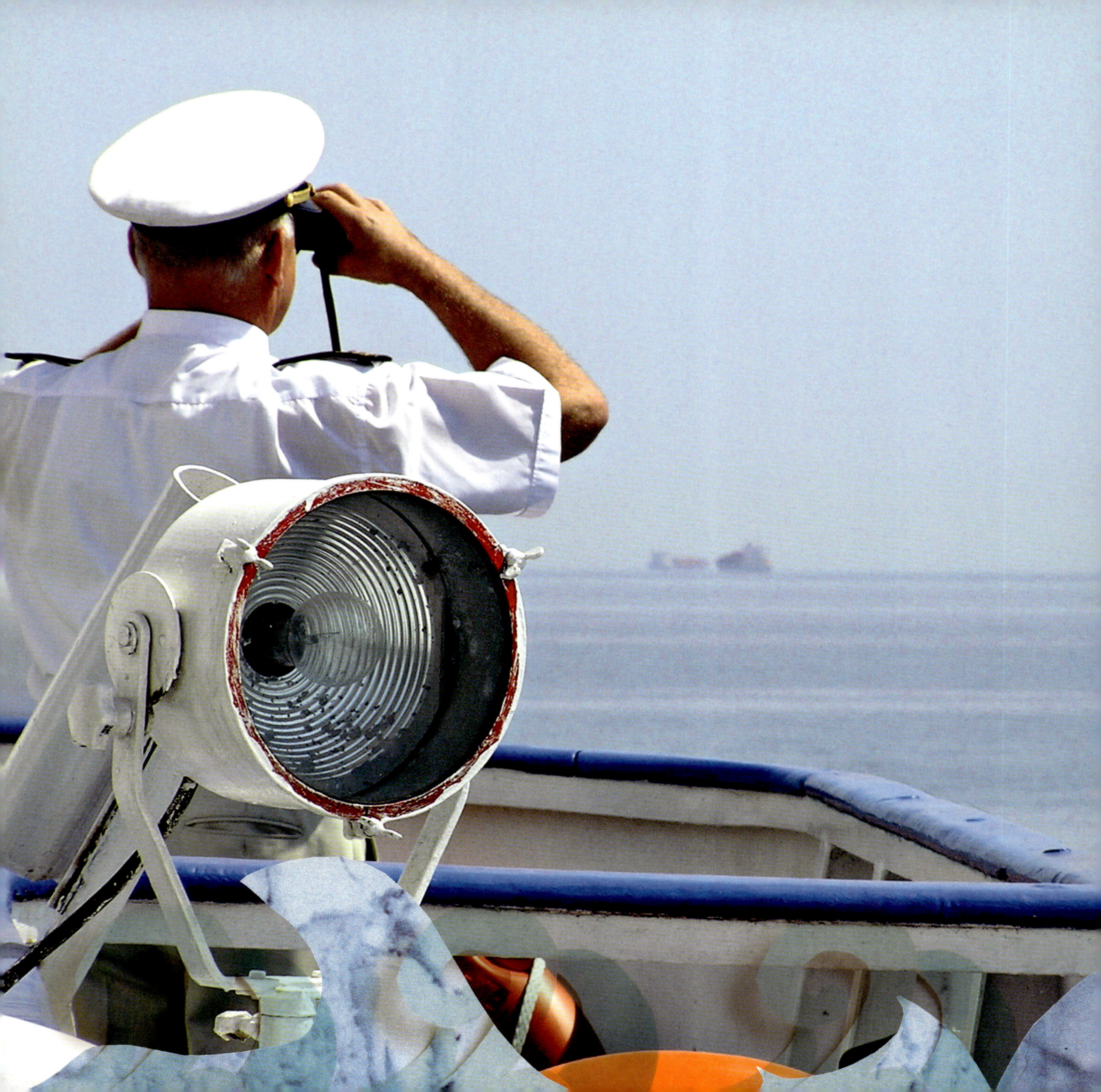

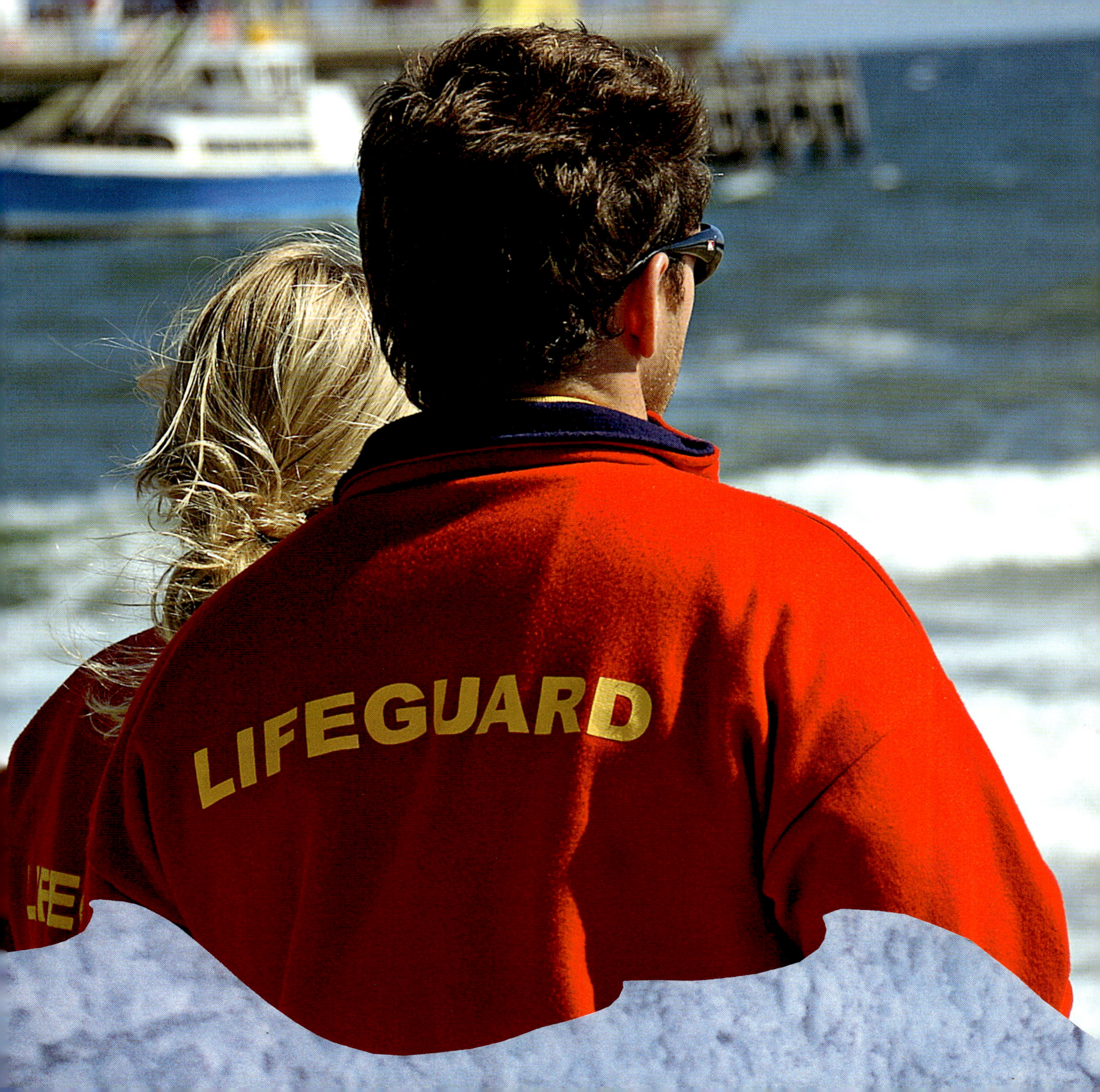
LIFEGUARD

92

WELCHER TROPFEN DARF ES DENN SEIN?

Wasser ist nicht nur ein Lebens-, sondern auch ein Genussmittel. Der Sommelier Lars Hentschel von Hotel Atlantic Kempinski, Hamburg und Sternekoch Herbert Brockel vom Husarenquartier, Erftstadt-Lechenich, über ihre Passion zum klaren Kultgetränk.

Wann und warum wurde Mineralwasser zum Trendgetränk?
Lars Hentschel (LH): *Für mich begann es vor etwa 8 Jahren mit der Markteinführung von Voss, dem norwegischen Gletscherwasser. Zum einen möchte der Gast, wenn er zu uns kommt, das Besondere, also nicht das Wasser, welches er auch zuhause trinkt. Zum anderen ist so ein Wasser ein ganz besonders reines Produkt, der Gast tut sich und seinen Begleitern damit etwas Gutes.*
Herbert Brockel (HB): *Für das Husarenquartier wurde Mineralwasser 2000 zum Thema, damals wurde im Gault Millau angesprochen, dass wir zwar eine umfangreiche Weinkarte, aber keine Auswahl an Mineralwässer haben.*

Was zeichnet ein gutes Mineralwasser aus?
LH: *Der Konsument sollte das Gefühl haben, dass das Wasser zu ihm passt. Ich würde auch nie sagen: Dieses oder jenes Wasser ist das Beste, es ist immer auch abhängig von der Stimmung, von den Speisen und vom Wassertrinker persönlich.*
HB: *Es gibt für mich kein schlechtes Mineralwasser. Es sollte zum Essen und zum Wein neutral sein und den Geschmack nicht verändern.*

Wie suchen Sie die Wässer für Ihre Wasserkarte aus?
LH: *Hier sind zwei Kriterien wichtig. Ich achte auf die gesundheitlichen Aspekte, das heißt auf die chemische Zusammensetzung und die Mineralisierung der Wässer. In der Gastronomie zählt aber auch der sogenannte »Pop-Faktor« – die Story des Wassers. Je mehr man dazu erzählen kann, desto interessanter ist es.*

Zu welchem Wein passt welches Wasser?
LH: *Auch hier gilt: Der persönliche Geschmack steht im Vordergrund. Dennoch gibt es einige Anhaltspunkte: Je feiner der Wein, desto weniger Kohlensäure sollte das Wasser haben. Je mehr Säure im Wein enthalten ist, desto mehr Bicarbonat darf das Wasser haben. Sonst natürlich auch gern Wasser aus der gleichen Region wie der Wein, das ergibt auch spannende Geschmackserlebnisse.*
HB: *Je weniger Kohlensäure und Salze das Wasser hat, desto besser. So wird der Wein nicht verändert.*

Wie wichtig ist das Design der Flasche für die Gastronomie und den Gast?
LH: *Da wir von dem Erlebnis »Gastronomie« sprechen, darf das Flaschendesign nicht unterschätzt werden. Das Kultwasser »Bling« verkauft sich nicht durch seinen Geschmack …*
HB: *Das Auge trinkt mit. In unserem Haus gibt es nur Gourmetflaschen, die auffällig sind. Dadurch ist die Aufmerksamkeit des Gastes höher, das Wasser wird eher getrunken.*

Welches Wasser trinken Sie am liebsten und warum?
LH: *Ich bevorzuge stark mineralisiertes, aber sehr fein perlendes Wasser aus der Auvergne und wenn es still sein darf, eines aus dem schottischen Hochland.*
HB: *Ich habe kein bestimmtes Wasser. Aus gesundheitlichen Gründen sollte man immer mal wieder das Wasser wechseln und somit auch zwischen perlend, medium und still wechseln.*

Wonach schmecken Sie bei einem Wasser?
LH: *Vorrangig nach den Primäraromen süß, sauer, bitter und salzig, aber auch kräutrige oder metallenene Töne können erschmeckt werden.*
HB: *Für mich ist entscheidend, ob es salzig, sauer oder mineralisch schmeckt.*

Was sagen Ihre Gäste zu Ihrer Wasserkarte?
LH: *Von Begeisterung bis Ablehnung ist alles dabei, wobei Letzteres oft weicht, wenn man sich die Zeit nimmt und ein wenig die Karte erläutert. Das Interesse für die verschiedenen Wässer und für die Kombination mit den Speisen nimmt zu.*
HB: *Einige sind mit der Karte überfordert und sind auch der Meinung, dass man ein Mineralwasser vom anderen Ende der Welt nicht braucht. Der andere Teil ist begeistert und erstaunt, aus welchen Ländern es alles Mineralwasser gibt und trinken sich dann einmal durch die Karte.*

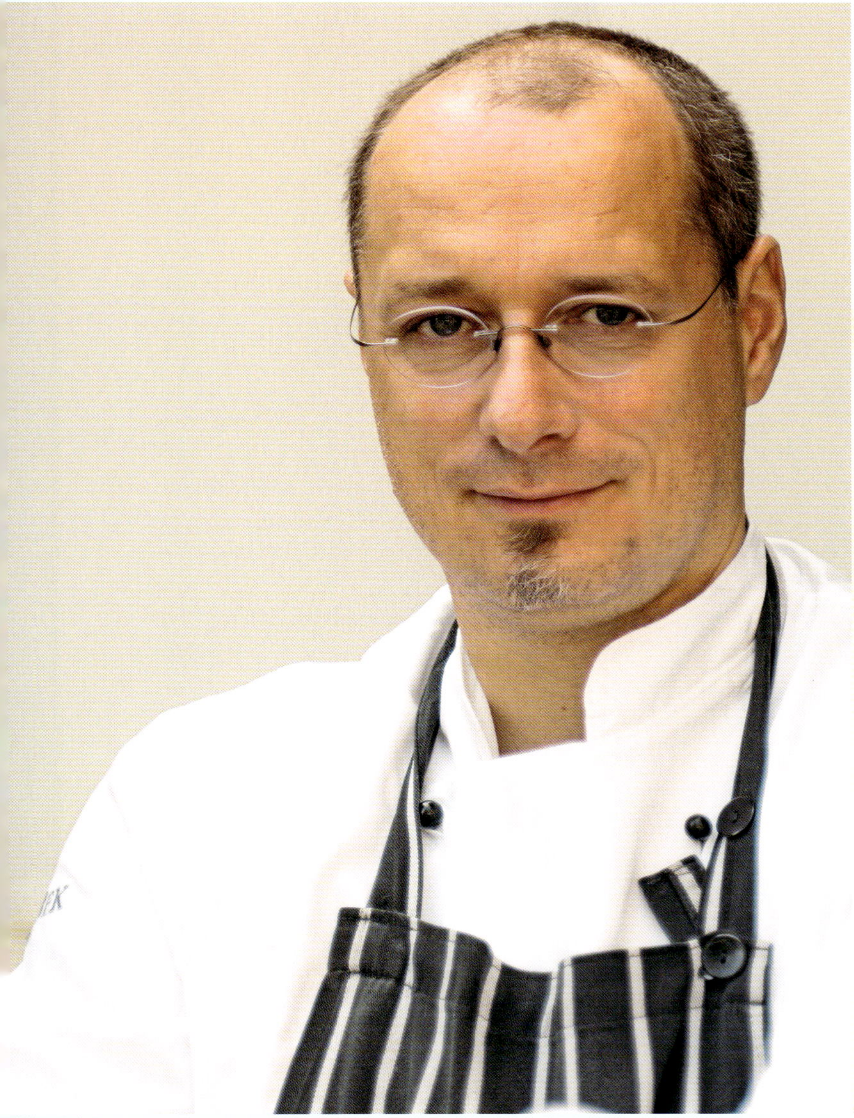

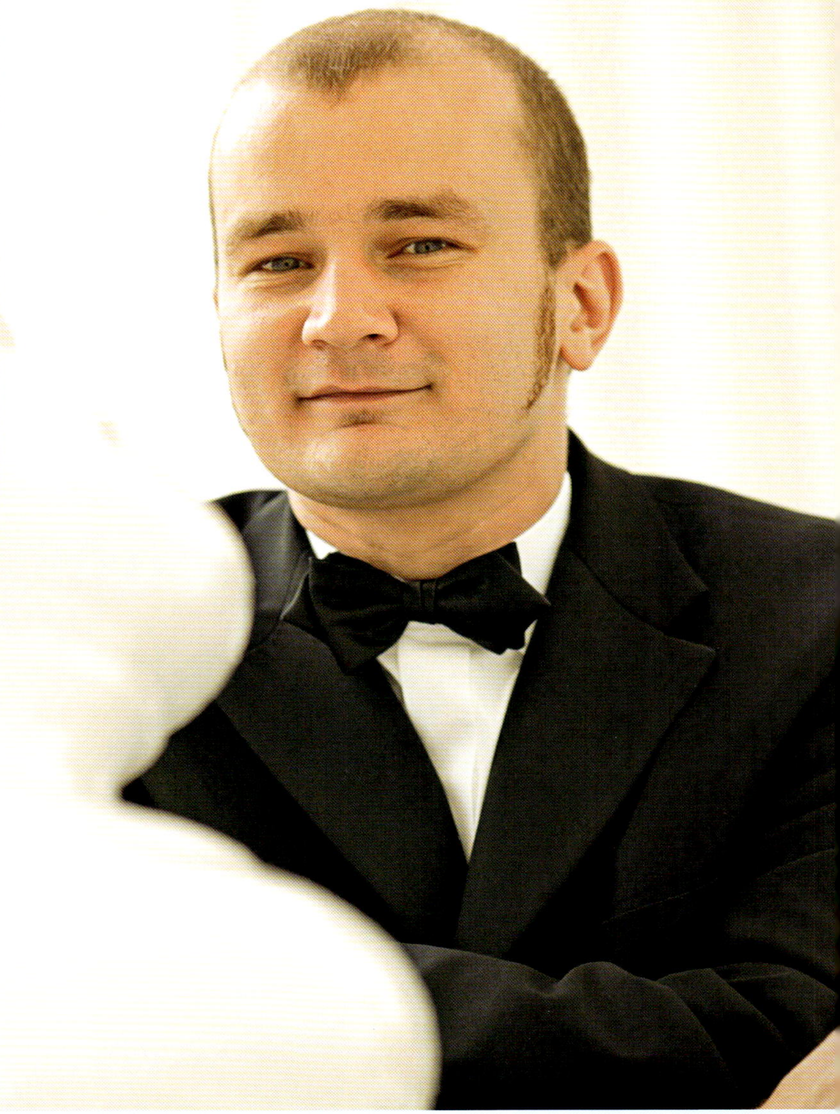

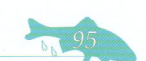

FRAGEN AN DEN PROFI

Die Beschäftigung mit Wasser ist für viele noch sehr ungewohnt, und wenn Maître Jerk Riese im Restaurant »First floor« den Gästen seine Wasserkarte präsentiert, werden einige Fragen gestellt. Die häufigsten Fragen hat er hier zusammengestellt – und die Antworten natürlich auch!

Kann man in einer Blindprobe unterschiedliche Mineralwässer erschmecken? Das kann man sicherlich. Einfach mal ausprobieren! Kaufen Sie ein hochmineralisches Wasser aus Deutschland z. B. von Staatlich Fachingen und im Gegensatz dazu ein wenig mineralisiertes Wasser aus Dänemark z. B. Iskilde. Der Unterschied wird sicherlich sofort spürbar und zu schmecken sein.

Welches Wasser passt zu welchem Essen? Eigentlich ganz einfach: Überlegen Sie immer, wie kräftig Ihre Speisen von den Aromen her sind. Ein hoch mineralisiertes Wasser passt bestens zu kräftigen Speisen wie Wild, bei leichten Salaten lieber auf wenig Mineralisation achten.

Welches Wasser passt zu welchem Wein? Es gibt bei so vielen verschiedenen Wein- und Wassersorten sicherlich eine Menge passender Möglichkeiten, aber als eine kleine Faustregel kann man folgendes beachten:
- Stilles Wasser zu Rotwein und kräftigen Weißweinen. Das Tannin des Rotweines wird durch das stille Wasser neutralisiert.
- Mäßig perlendes Wasser zu trockenen, säurebetonten Weißweinen, denn Wasser mit viel Kohlensäure würde die Säure des Weißweines noch verstärken.
- Sprudelndes Wasser zu halbtrockenen Weinen oder Süßweinen. Die hohe Kohlensäure erfrischt die Zunge und hebt die Süße des Weines angenehm hervor.

In Mineralwasser sind unter anderem Magnesium, Calcium und Natrium vorhanden. Was erwirken diese Mineralien? Wenn Sie oft »die Nerven behalten« müssen, ist magnesiumhaltiges Wasser ideal für Sie. Magnesium spielt eine Schlüsselrolle bei der neuromuskulären Reizübertragung. Magnesiummangel kann zu Muskelkrämpfen und Konzentrationsschwächen führen.

Also ist magnesiumreiches Wasser Nervennahrung pur! Als wichtigster Mineralstoff in der Knochensubstanz und im Zahnschmelz sorgt Calcium nicht nur für stabile Knochen und gesunde Zähne, sondern ebenfalls für schöne Haare, straffe Haut und gesunde Fingernägel. Besonders Kinder und Schwangere haben einen hohen Bedarf an Calcium.
Sie treiben viel Sport, sind viel in Bewegung? Dann ist natriumhaltiges Wasser genau das richtige für Sie, denn mit jedem Tropfen Schweiß verlieren Sie auch Natrium. Natrium ist maßgeblich verantwortlich für die Funktion der Zellmembranen, die Muskelerregung und die Regulierung des Blutdrucks. Der Mineralstoff sorgt so für Power im Kopf und Körper.

Bei welcher Temperatur sollte ich Wasser trinken? Die ideale Trinktemperatur ist bei etwa 11 °C. Wenn das Wasser zu kalt ist, kann man keinen Geschmack erschmecken, und bei zu warmem Wasser ist der Erfrischungseffekt nicht gegeben.

Gibt es das geschmacklich beste Wasser? Geschmäcker sind verschieden, deswegen kann man über Geschmack auch nicht streiten. Jeder soll für sich entscheiden, welches Wasser geschmacklich für ihn passend ist.

Auf manchen Mineralwasserflaschen steht: »Artesisches Wasser«. Was bedeutet das? Ganz klar ein Qualitätsmerkmal! Artesisches Wasser ist Wasser, das infolge eines Überdrucks des Grundwassers eigenständig oberflächennah heraussprudelt. Da diese Quellen einen hohen Eigendrucks haben, kann auch kein Schmutz in das Wasser gelangen.

Wie geht man bei einer Wasserverkostung vor? Ähnlich wie bei Wein, nur spielt die Farbe hier keine große Rolle, da Wasser immer durchsichtig ist. Aber den Kohlensäuregehalt kann man schon mal im Glas beobachten. Dann ruhig einen kräftigen Schluck in den Mund nehmen und wie beim Wein schlürfen. Durch den Sauerstoff des Schlürfens breiten sich die Geschmacksstoffe besser im Mund aus. Den Kohlensäuregehalt kann man am leichtesten bestimmen, aber mit etwas Übung werden Sie sicherlich auch salzige, süßliche, bittere und würzige Nuancen spüren können. Wichtig ist es, dass Sie mehrere Wässer gleichzeitig probieren, so können Sie am besten die Unterschiede feststellen.
Das Schöne aber an der Wasserverkostung: Sie müssen nichts ausspucken wie bei der Weinprobe ... und auch nach einer langen, intensiven Wasserprobe werden Sie ohne Probleme durch jede Polizeikontrolle kommen!

»Wasser ist das erste Getränk, das serviert wird, und das letzte, das vom Tisch geräumt wird.«

(NESTLÉ WATER CODEX)

DIE FLASCHE AM TISCH

Viel hat sich getan in den letzten Jahren rund um das Thema Mineralwasser im Restaurant.

Wo früher noch die gute alte Deutsche Brunnenflasche an den Tisch kam, wenn man ein Wasser bestellte, bekommt man heute Designflaschen gereicht, die auf den ersten Blick so gar nicht nach einer Wasserflasche aussehen. Vielmehr würde man Wodka in ihnen vermuten, oder gar ein Parfum! Der Gast erwartet heutzutage etwas Besonderes im Restaurant, und wenn ein Wasser bestellt wird, möchte er nicht die Flasche serviert bekommen, die er auch beim Einzelhändler um die Ecke kaufen kann.

Eines der ersten Unternehmen, das in Deutschland diesen Trend in Gang gesetzt hat, ist Apollinaris. Apollinaris hat 1998 eine Flasche vom Designer Peter Schmidt nur für die Gastronomie herausgebracht und damit gezeigt, dass Mineralwasser einfach mehr sein kann als nur der reine Begleiter zum Wein. Plötzlich erhielt Mineralwasser einen eigenen Stellenwert als Genussmittel und der Wellnessgedanke der darauf folgenden Jahren tat das Seinige dazu ... Jetzt ist Mineralwasser buchstäblich in aller Munde.

Die Brunnenbetriebe kommen mit immer neuen Flaschen auf den Markt, die Topdesigner kreieren preisgekrönte Flaschen, wie z. B.:

- *Voss aus Norwegen, designed von Neil Kraft (ehemaliger Creativ Direktor bei Calvin Klein)*
- *OGO aus Holland, designed vom Stardesigner Ito Morabito*
- *Evian Jahresflasche 2009, designed von keinem anderen als Jean Paul Gaultier*

Wer es ganz exklusiv möchte, wählt bling h_2o aus Tennessee, die Flasche, die mit echten Swarovski-Kristallen geschmückt ist und damit genau so teuer wie die Flasche Champagner, die man dazu trinkt!

WIE SERVIERT MAN DENN WASSER AM BESTEN?

Einige Grundregeln gilt es zu beachten:

1. *Wasser ist ein empfindliches Produkt. Wasserflaschen sollten an einem kühlen (10–12 °C) und trockenen Ort aufbewahrt werden, vor Sonnenlicht geschützt und frei von intensiven Gerüchen. Wie für alle anderen Nahrungsmittel ist es auch bei Wasser besser, das Haltbarkeitsdatum zu prüfen und vorzugsweise vor kurzem abgefüllte Wasserflaschen zu verwenden.*
2. *Kein Eis ins Wasser! Die meisten Eiswürfel sind aus normalem Leitungswasser gemacht, und je nach Wasserqualität und auch nach dem Zustand der Eismaschine kann durch das Schmelzen der Eiswürfel der Geschmack des Wassers negativ verändert werden.*
3. *Auch das Wasserglas (am besten ein dünnwandiges Glas ohne Stiel) sollte frei von Eigengerüchen sein. Daher sollten die Wassergläser nicht in Spülmaschinen gereinigt werden, da dies meist einen Geschmack hinterlässt.*
4. *Die Zitrone sollte ebenfalls weggelassen werden, da sie die feinen Geschmacksrichtungen und Aromen des Wassers überlagert.*

Apollinaris
The Queen of Table Waters*
Feinperlend, frisch und bekömmlich.
SELECTION • SELECTION
mit eigener Quellkohlensäure versetzt,

NOTIZEN AUS DEM SERVICE – VON JERK RIESE

Restaurant *first floor* im Hotel Palace Berlin, es ist 18 Uhr und das heißt für alle: Service-Meeting.

Das täglich wechselnde Abendmenü von unserem Küchenchef Matthias Buchholz stelle ich vor, die Azubis Steffanie, Dana, Anett und Peter schreiben hastig mit und Gunnar Tietz, unser Chef-Sommelier, offeriert die passende Weine zum Menü. Also eigentlich ein ganz normales Abend-Meeting, heute jedoch mit einem kleinen Unterschied. Wir haben zwei neue Mineralwässer auf unsere Karte gesetzt und die gilt es natürlich zu probieren, bevor wir sie empfehlen können.

»Oh, wie mineralisch«, sagt einer zum ersten Wasser, »passt bestimmt gut zu unserem heutigen Hauptgang: Reh aus der Schorfheide.« Und das zweite Wasser. »Schön neutral, lange nicht so kräftig wie das Erste, sicherlich gut vorstellbar zum confierten Heilbutt.«

18:20, die ersten Gäste werden bald kommen, also schnell noch die neuen Wässer in unsere Wasserkühlschränke einsortieren, ehemalige Weinkühlschränke, die Gunnar Tietz freigemacht hat, um Platz für unsere Wasserauswahl zu schaffen.

Inzwischen haben wir 40 Wassersorten aus 18 Ländern im Hotel Palace, Tendenz steigend. Wenn unsere Wasserkarte gereicht wird, ist der Gast oft überrascht. Bei einer so großen Auswahl ist die Entscheidung nicht immer leicht. Dann bin ich gefragt, als Maître vom first floor empfehle ich gerne das passende Wasser.

Die Trinktemperatur bei Mineralwasser ist zum Beispiel sehr wichtig. Am besten liegt sie bei 11 °C, wenn das Wasser zu kalt ist, kann man es nicht mehr richtig schmecken, wenn es hingegen zu warm ist, kann Wasser fad wirken. Wasser kann als Neutralisator benutzt werden, bei scharfem oder sehr würzigem Essen, es macht die Zunge dann wieder schön frei für neue Geschmacksrichtungen.

Wasser kann auch als Begleiter benutzt werden, zu Süßspeisen passt ein Wasser mit weniger Mineralisation, dadurch ist die leichte Süße spürbar im Gaumen, bei salzigen Gerichten empfehle ich ein leicht salziges Wasser, so wird der salzige Grundton des Essens nicht verfälscht.

Die Flasche an sich wird wie ein Wein präsentiert am Tisch und vor dem Gast geöffnet. Mir ist es wichtig, dass der Gast das Zischen beim Öffnen eines kohlensäurehaltigen Wassers hört.

Wasser ist durchsichtig, egal wo es her kommt, deswegen haben unsere Wassergläser eine leichte Färbung in einem Gelbton. Wenn der Gast ein zweites Wasser von einer anderen Quelle bestellt, gibt es ein Glas mit einem Blauton. So kann der Gast zwischen den Wässern leicht unterscheiden.

Oft genug kommt es bei uns vor, dass am Abend an einem einzigen Tisch drei oder vier verschiedene Wässer gereicht werden. Es macht einfach Freude, den Gast zu sehen, wie er von der anfänglichen Skepsis zur Begeisterung übergeht.

Wasser in der ersten Reihe

Das Café M1 im BMW-Museum hat Wasser als prägendes Element für das Konzept gewählt – und fährt damit gut! BMW ist Weltmarktführer in der Wasserstofftechnologie, da liegt es nahe, das gastronomische Angebot daran anzulehnen. Auf der Wasserkarte stehen circa 20 Wassermarken, zusätzliche Vielfalt kommt durch einen regelmäßigen Produktwechsel mit saisonalen Highlights, wie etwa das »Wasser des Winters«. Auch die Einrichtung des Cafés versprüht Reinheit und Frische – wie das Element Wasser eben auch!

WASSERKARTEN DER SPITZENRESTAURANTS

Wer heute noch unbedarft im Restaurant einfach »Wasser« bestellt, hat einige Rückfragen zu beantworten: »Still, medium oder mit Kohlensäure?« Aber das ist noch nicht alles, die Wasserkarten der Spitzenrestaurants sind wahrlich ein «Who is who?» der internationalen Premiumwässer, da gilt es noch auszuwählen, aus welchem Land das Wasser sein soll, zu welchen Speisen er passen soll – für jeden Gaumen ist der richtige Tropfen dabei. Die meist sehr informativen Wasserkarten helfen bei der Auswahl – und hier eine Auswahl einiger Wasserkarten.

Im Gourmet- und Sternerestaurant »First Floor« im Hotel Palace hat Maître Jerk Riese eine umfangreiche Wasserkarte zusammengestellt: 40 Angebote aus 18 Ländern mit integrierten Wasser- und Herkunftsinformationen lassen die Wahl eines passenden Wassers zur Freude werden.

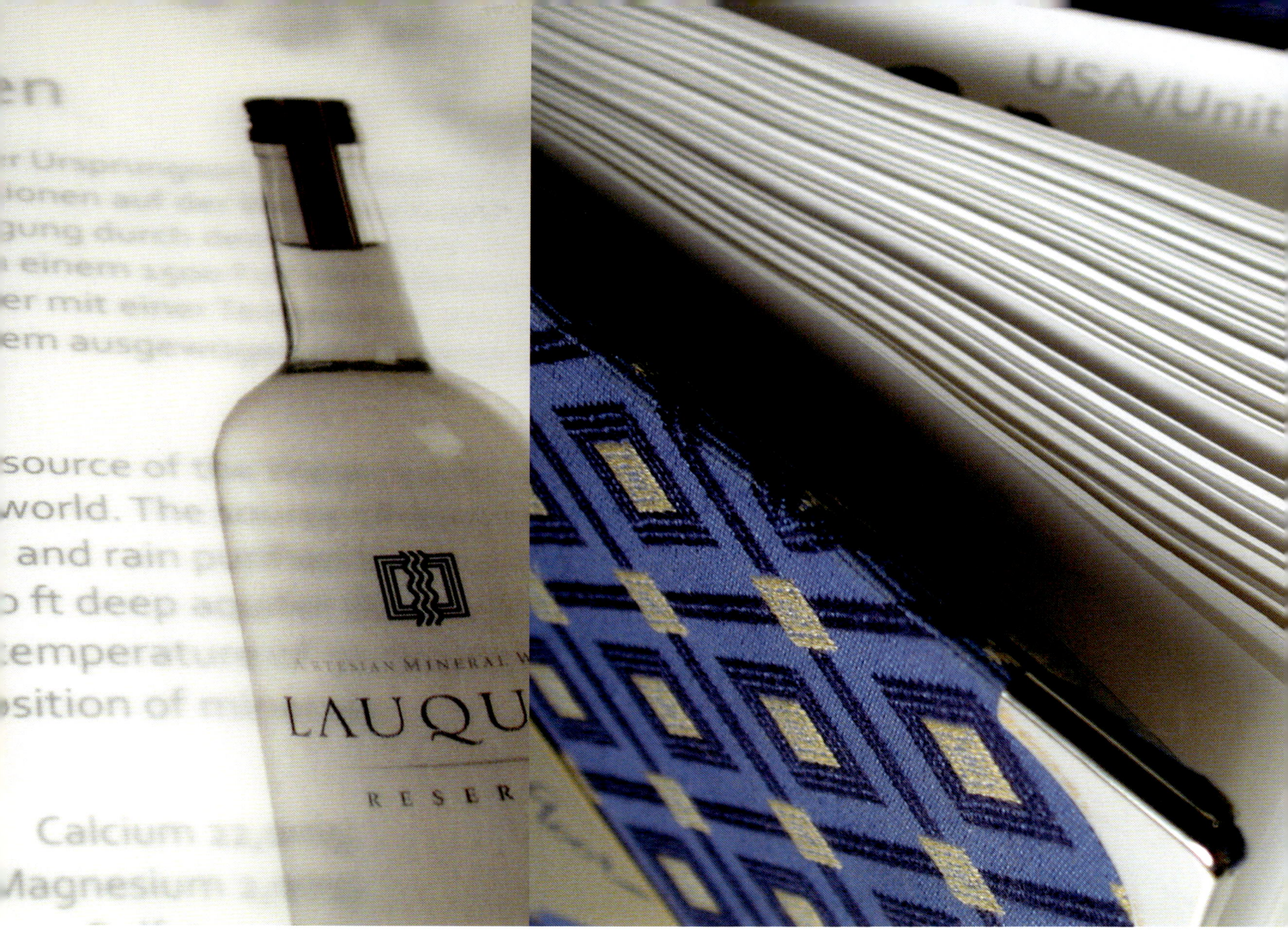
ARTESIAN MINERAL W
LAUQU
RESER

Atlantic R

Staatli
fast still

Hepp
leicht

0,75 l

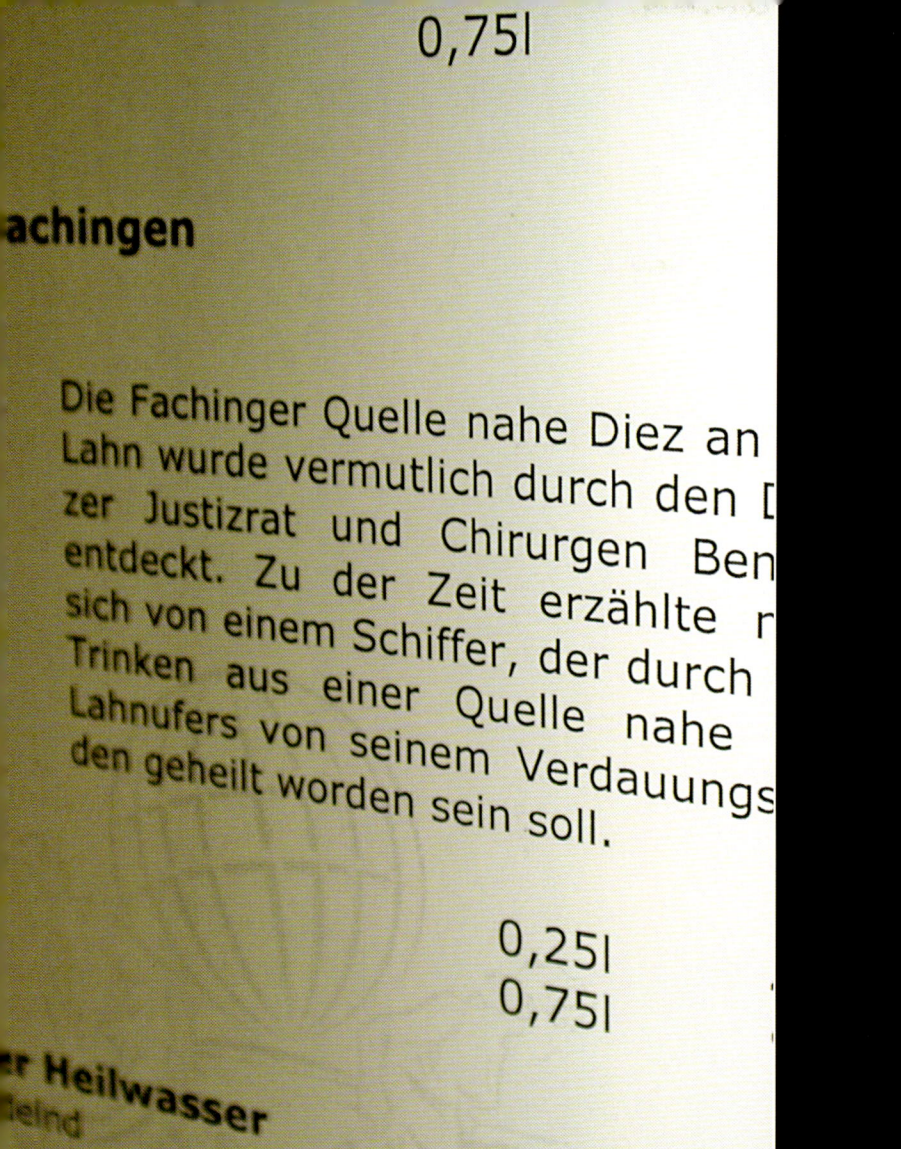

achingen

Die Fachinger Quelle nahe Diez an
Lahn wurde vermutlich durch den D
zer Justizrat und Chirurgen Ben
entdeckt. Zu der Zeit erzählte r
sich von einem Schiffer, der durch
Trinken aus einer Quelle nahe
Lahnufers von seinem Verdauungs
den geheilt worden sein soll.

0,25 l
0,75 l

r Heilwasser

Wasserkarte

Das Prinzip aller Dinge ist das Wasser, denn Wasser ist alles und ins Wasser kehrt alles zurück

Thales von Milet, griechischer Philosoph

Das Hotel Atlantic Kempinski in Hamburg beginnt seine Wasserkarte mit einer Einführung, welches Wasser denn wozu passen könnte, um es dem Gast etwas zu erleichtern, in dem weit gefassten Angebot das Passende auszuwählen. Der Gast kann neben den bekannten Marken zum Beispiel auch ein bei Vollmond abgefülltes Wasser aus der St. Leonhardts-Quelle bestellen, oder »Heartsease« aus Wales – das Wasser stammt aus einem Brunnen umringt von Stiefmütterchen und diese können der Legende nach gebrochene Herzen heilen.

Das rheinische Restaurant »Husarenquartier« in Erfstadt-Lechenich lädt seine Gäste ein, sich einmal durch die Wässer der Welt zu trinken und lockt mit detaillierten Informationen, ob es das japanische Finé aus mehreren Schichten Vulkangestein ist, das Rogaska Heilwasser aus der Donatquelle in Slowenien mit vielen gelösten Mineralstoffen oder Glacial Icelandic aus der legendären Ölfus-Quelle.

ÖSTERREI[CH]

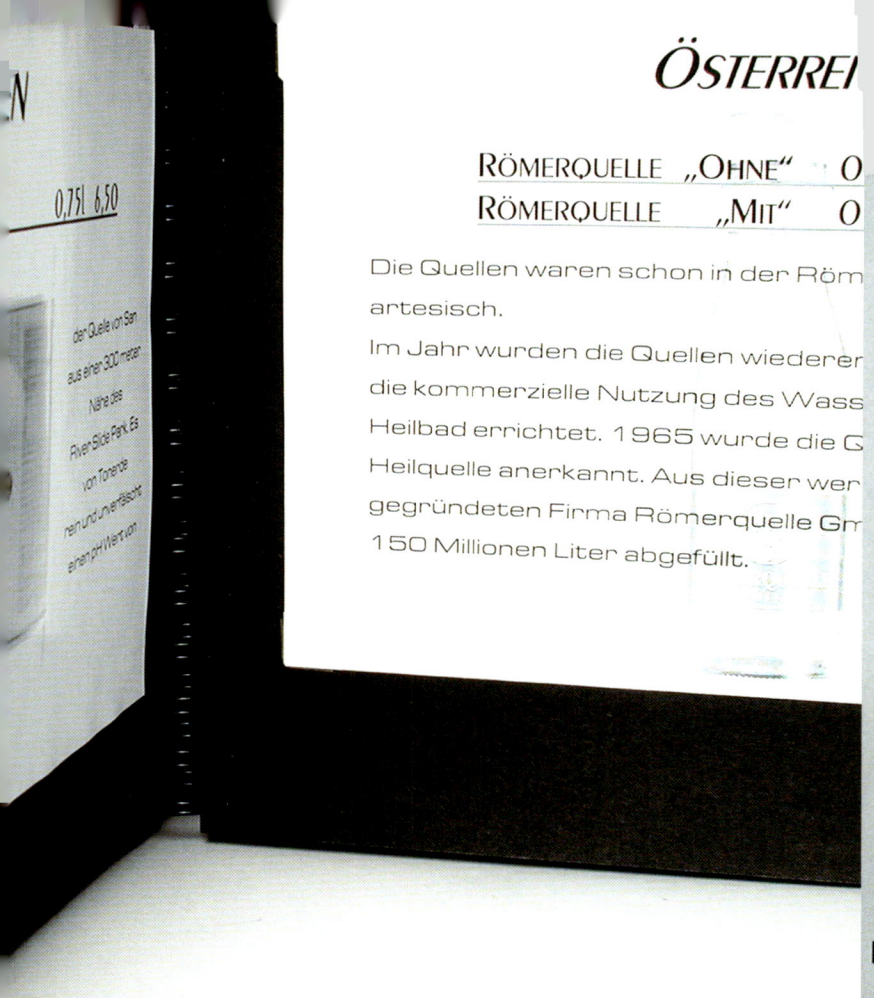

RÖMERQUELLE „OHNE"
RÖMERQUELLE „MIT"

Die Quellen waren schon in der Röm[...]
artesisch.
Im Jahr wurden die Quellen wiederer[...]
die kommerzielle Nutzung des Wass[...]
Heilbad errichtet. 1965 wurde die Q[...]
Heilquelle anerkannt. Aus dieser wer[...]
gegründeten Firma Römerquelle Gm[...]
150 Millionen Liter abgefüllt.

DEUTSCH[LAND]

BAD CAMBERGER TAUNUSQUELLE
BAD CAMBERGER TAUNUSQUELLE

Aus Camberg-Oberselters, T[...]
Mineralwasser der Premium-[...]
durch weiches Sandgestein, [...]
vulkanisches Eruptivgestein g[...]
die Genießer zu erfreuen.

BAD DRIBURGER   ME[...]

Natürliches Mineralwasser aus Naturque[...]
Dieses Mineralwasser erfrischt Sie mit an[...]
Kohlensäure und geringem Eigengeschma[...]

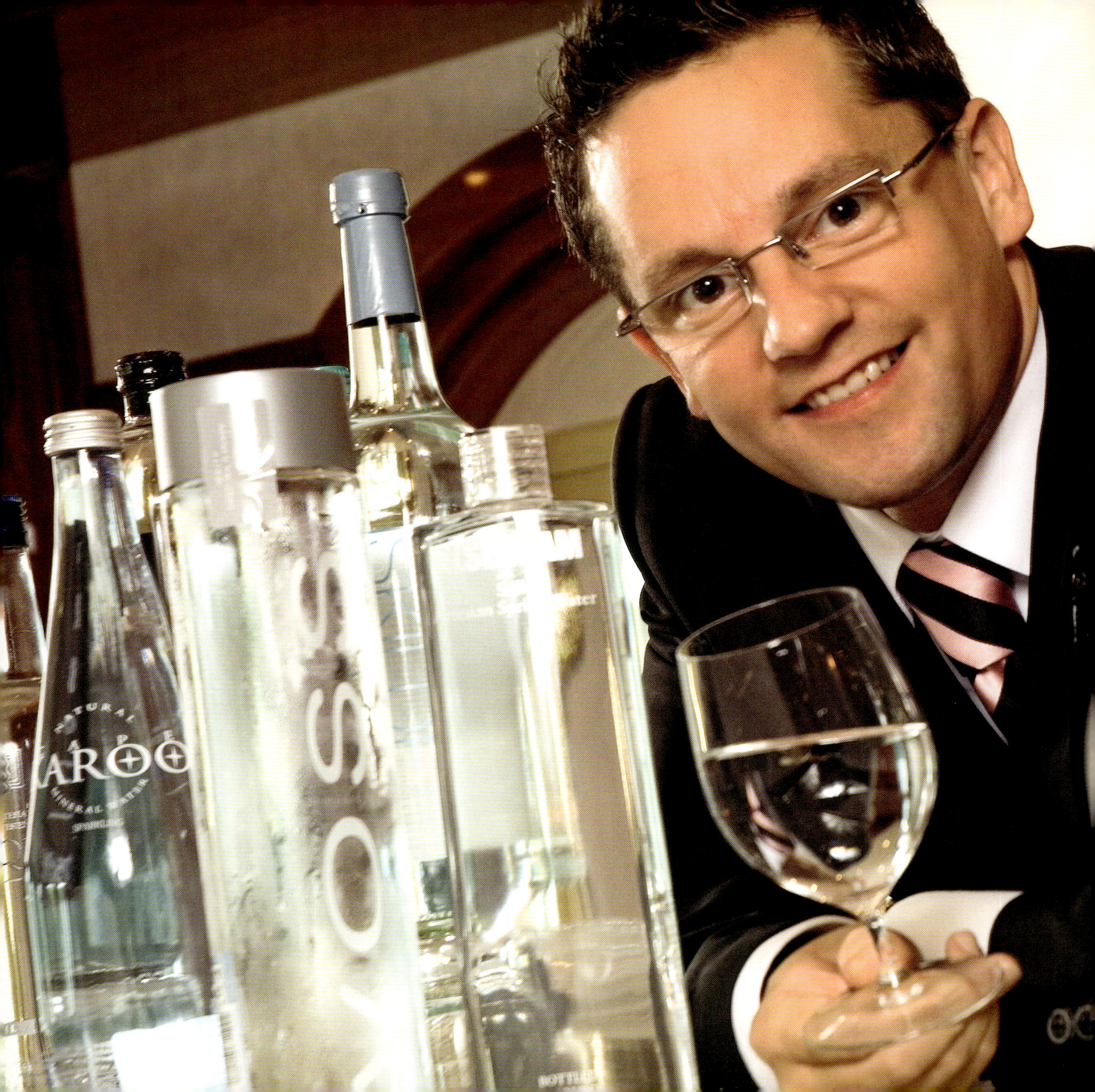
NATURAL
MINERAL WATER
SPARKLING

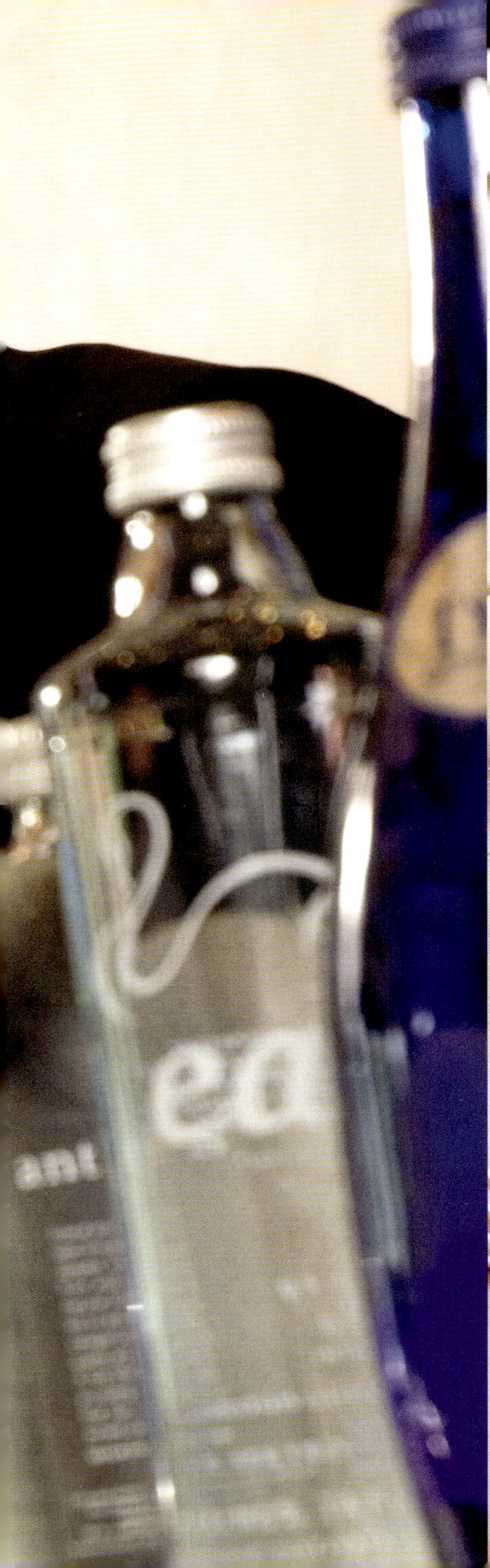

SPARKLING NATURAL MINERAL WATER
S.PELLEGRINO
SAN PELLEGRINO TERME
ACQUA PANNA
FROM THE HILLS OF TUSCANY
ACQUA
PANNA
ANTIPASTI
Hors d'oeuvres

WÄSSER DER WELT – INTERNATIONALE WASSERGALERIE

Acqua Panna – Kultur im Glas
Herkunft: Toskana, Italien

Das Gebiet um die Villa Panna, wo dieses Wasser abgefüllt wird, ist seit 1564 geschützt, als es sich noch im Besitz der Medici-Familie befand. Seit dieser Zeit ist das Mineralwasser auch berühmt und geschätzt. Acqua Panna ist ein Wasser mit niedrigem Mineralstoffgehalt, einem ausgewogenen Geschmack und einer besonderen tonischen Note.

OGO – Das Jet-Lag-Wasser
Herkunft: Niederlande

In diesem niederländischen Wasser befindet sich 35 Mal mehr Sauerstoff als in normalem Wasser. Der erhöhte Sauerstoffgehalt regt den Blutkreislauf und die Absorption von Sauerstoff in den Körperzellen an. Es soll eine revitalisierende Wirkung haben und zum Beispiel bei Jet-Lag helfen. Weiterhin soll der zusätzliche Sauerstoff die Konzentrationsfähigkeit steigern.

Fiji – Exotik für die Schönheit
Herkunft: Fidschi-Inseln

Bessere Fingernägel und Haare gefällig? Dann ist dieses artesische Wasser goldrichtig. Denn das Klima auf den Fidschi-Inseln ist auf der Welt einzigartig, da das Inselwetter in Verbindung mit dem Urwald einen hohen Silicea-Gehalt (Kieselerde) erzeugt, der zur Stärkung von Haut, Haaren und Nägeln dient.

Ty Nant – Der ästhetische Begleiter
Herkunft: Ceredigion, Wales

Das Wort »Ty Nant« bedeutet im Walisischen »Haus am Strom«. Bei der Markteinführung im Jahr 1989 bestach Ty Nant durch die kobaltblaue Flasche, die in Großbritannien den »First Glass Design Award« gewann. Das Wasser hat eine hohe Mineralität, ist leicht säuerlich und als sommerliche Erfrischung nicht nur am britischen Königshaus beliebt.

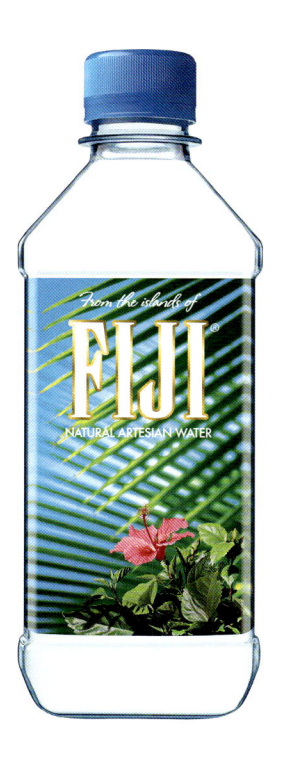

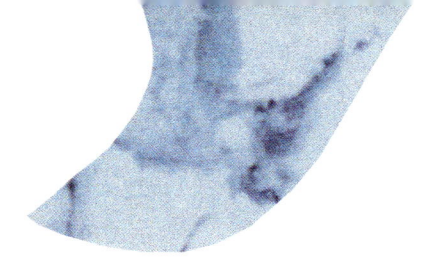

Lauquen – Das südlichste Wasser
Herkunft: Patagonien, Argentinien

Das südlichste Wasser der Welt entspringt aus einer 553 m tiefen Quelle inmitten einer unberührten Natur. Mit einer Temperatur von 4 °C tritt es an die Oberfläche, ist durch die Gesteinschichten der Anden natürlich gefiltert und mit Mineralien angereichert. Es wird direkt an der Quelle abgefüllt und kommt bis zum Servieren bei Tisch nicht mit Luft in Berührung, um eine besondere Reinheit zu gewährleisten.

BLING H_2O – Der glitzernde Star
Herkunft: Tennessee, USA

Das Wasser wird nach einem aufwendigen, neunstufigen Filtrationsprozess in die mit echten Swarovski-Kristallen besetzte Karaffe gefüllt. Von der Quelle in Dandridge, Tennessee tritt Bling H_2O seinen Siegeszug in die High Society an. In Hollywood ist auch Wasser ein Indikator für den Society-Status, daher schuf Kevin G. Boyd, Hollywood-Autor und Produzent, Bling H_2O als die absolute Krönung der Premium-Wässer.

Cape Karoo – Pures Afrika
Herkunft: Paardeberg, Südafrika

Die Ursprünge der Cape-Karoo-Quelle sollen in der Halbwüste Karoo liegen, das Wasser fließt etwa 500 Kilometer unterirdisch, dann durch die Gesteinschichten der Paardeberg-Bergen der renommierten Weinregion Paarl, wo es dann abgefüllt wird. Das natürliche Mineralwasser ist einer der führenden Gourmetwässer aus Südafrika, weist eine ausgewogene Mineralität aus – und passt hervorragend zum südafrikanischen Wein!

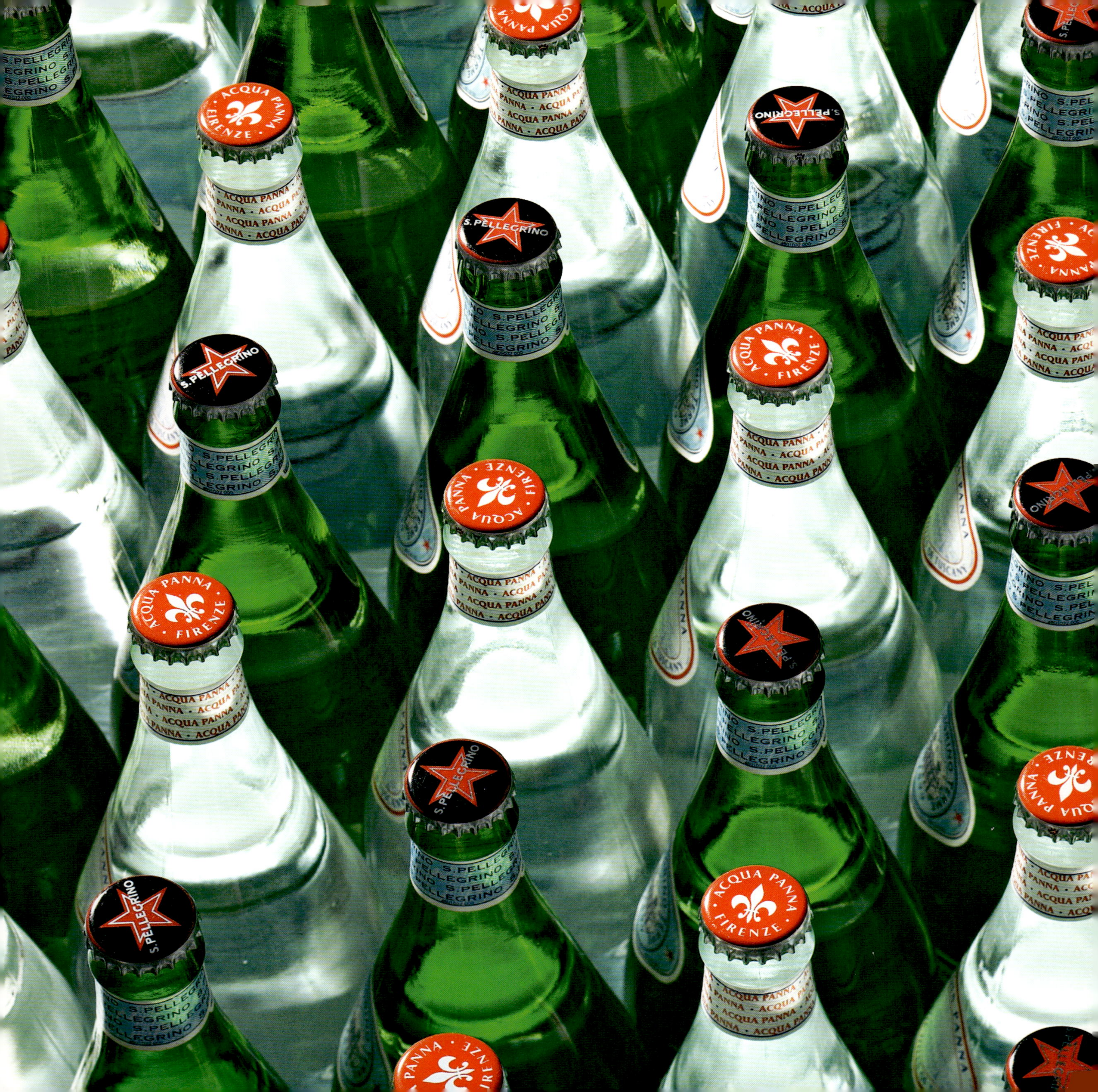
ACQUA PANNA
FIRENZE
S.PELLEGRINO

»Wie Wein kommt Mineralwasser aus einer bestimmten Gegend, wie Wein hat auch Mineralwasser Terroir.«

(UNBEKANNT)

116

FASZINATION WASSER – MIT ALLEN SINNEN GENIESSEN

»Nur jemand, der weiß, was Schönheit ist, blickt einen Baum oder die Sterne oder das funkelnde Wasser eines Flusses mit völliger Hingabe an, und wenn wir wirklich sehen, befinden wir uns im Zustand der Liebe.«

(KRISHNAMURTI, 100 JAHRE)

SEHEN

Wasser ist gewaltig in seiner Schönheit, ob als klarer, stiller Bergsee, als reißender Fluss, als plätscherndes Bächlein, als stürmische See oder als tosender Wasserfall. Wasser in all seinen Formen bietet dem Sehenden eine unglaubliche Formenvielfalt, die es immer wieder zu entdecken gibt. Eine perfekt geformte Schneeflocke begeistert durch ihre Kristallstruktur ebenso, wie die Spiegelung der Wolken in einem See das Auge beruhigen kann.

RIECHEN

Reines Wasser riecht nach nichts, aber Wasser ist nicht gleich Wasser. Schon kleine Mengen an anderen Inhaltsstoffen verändern Wasser – dann kann man Wasser riechen. Es riecht würzig oder salzig, süßlich oder herb.

»Wasser ist manchmal scharf und manchmal kräftig, manchmal sauer und manchmal bitter, manchmal süß und manchmal dick oder dünn, manchmal sieht man, wie es Schaden anrichtet oder die Pest bringt, manchmal spendet es Gesundheit, manchmal ist es giftig. Es nimmt so viele Merkmale an wie die verschiedenen Orte, durch die es fließt.«
(LEONARDO DA VINCI)

HÖREN

Wasser hat eine fließende Sprache, die vom Sprudeln einer Quelle über das Tröpfeln eines Wasserhahns und das Zischen beim Öffnen einer Wasserflasche bis zum Brüllen eines aufgepeitschten Meeres im Sturm reicht. Unzählige Komponisten haben versucht, die Stimmungen und Variationen des Wassers in der Musik einzufangen: Bedrich Smetana mit seiner Moldau, Brahms' Regenlied, Debussys La Mer, Ravels Jeux d'eau und nicht zuletzt Händel mit seiner Wassermusik. Aber auch die moderne Musik bietet unzählige Lieder zum Thema: Ob die Beatles mit Yellow Submarine, Smoke City mit Underwater Love oder TLC mit Waterfalls – das nasse Element wird gern in der Musik verarbeitet!

Einfach hinhören: Meeresbrandung am Strand, Regen im Wald, sprudelnd kochendes Wasser, Regenprasseln an der Fensterscheibe, gurgelnder Abfluss, donnernder Fluss, gluckernde Wasserflasche …

FÜHLEN

Man taucht ein in eine wohligwarme Badewanne, lässt sich vom salzhaltigen Meerwasser tragen, steht unter einem prasselnden Wasserfall und massiert sich Nacken und Schultern, fühlt die Gischt der Brandung wie feine Perlen auf der Haut, schwimmt in einem erfrischenden Bergsee nach einer langen Wanderung an einem Sommertag – Wasser wird zum haptischen Erlebnis!

»Denn eher heizt die Liebe eisige Flut,

als Wasser löschen mag der Liebe Glut.«

(WILLIAM SHAKESPEARE, SONETT 154)

SCHMECKEN

Reines Wasser hat keinen Geschmack. Auf der Zunge hat der Mensch Chemorezeptoren und diese Rezeptoren unterscheiden aufgrund der chemischen Eigenschaften verschiedene Geschmacksqualitäten. Wasser an sich hat keine relevanten Eigenschaften, die im Trinkwasser gelösten Ionen und die Kohlensäure haben solche Eigenschaften. Laut der Informationszentrale Deutsches Mineralwasser (IDM) schmeckt natrium- und chloridreiches Wasser (je > 200 mg/l) leicht salzig, sulfatreiches Wasser (> 200 mg/l) eher süßlich bis leicht bitter und magnesiumreiches Wasser (> 50 mg/l) zart würzig.

»*Für Menschen, die lieben, ist sogar das Wasser süß.*«

(SPRICHWORT AUS CHINA)

»Wer Schmetterlinge lachen hört, der weiß, wie Wolken schmecken!«

(ANONYM)

SPIEGELN

Die indigenen Völker auf den Andamanen im Golf von Bengalen waren davon überzeugt, dass ihr Spiegelbild ihre Seele sei, weshalb sie nie ins Wasser schauten. Wenn man im antiken Griechenland träumte, sein Spiegelbild im Wasser zu sehen, galt dies als Omen, dass man bald sterben würde. Narziß sah sein Spiegelbild im Wasser und hielt es für einen schönen Wassergeist, und verliebte sich so in sich selbst. Da sein Spiegelbild nicht reagierte, schmachtete er dahin und starb schließlich an gebrochenem Herzen. Eine andere Version besagt, dass er in einen Brunnen stürzte, um seinem Spiegelbild nah zu sein, und ertrank.

»*Im Spiegel des Wassers erkennt man sein Gesicht, und im Spiegel seiner Gedanken erkennt der Mensch sich selbst.*«

(SALOMO 27, 29)

»*Hab acht, mein Freund, vor klaren Brunnen*
Oder Bächen; magst sehen deiner krummen
Nase schiefen Speer.
Narzissus' Schicksal würd'st du teilen,
Dem Leben voller Selbsthaß rasch enteilen
Wie voller Eigenliebe er.«

(WILLIAM COWPER)

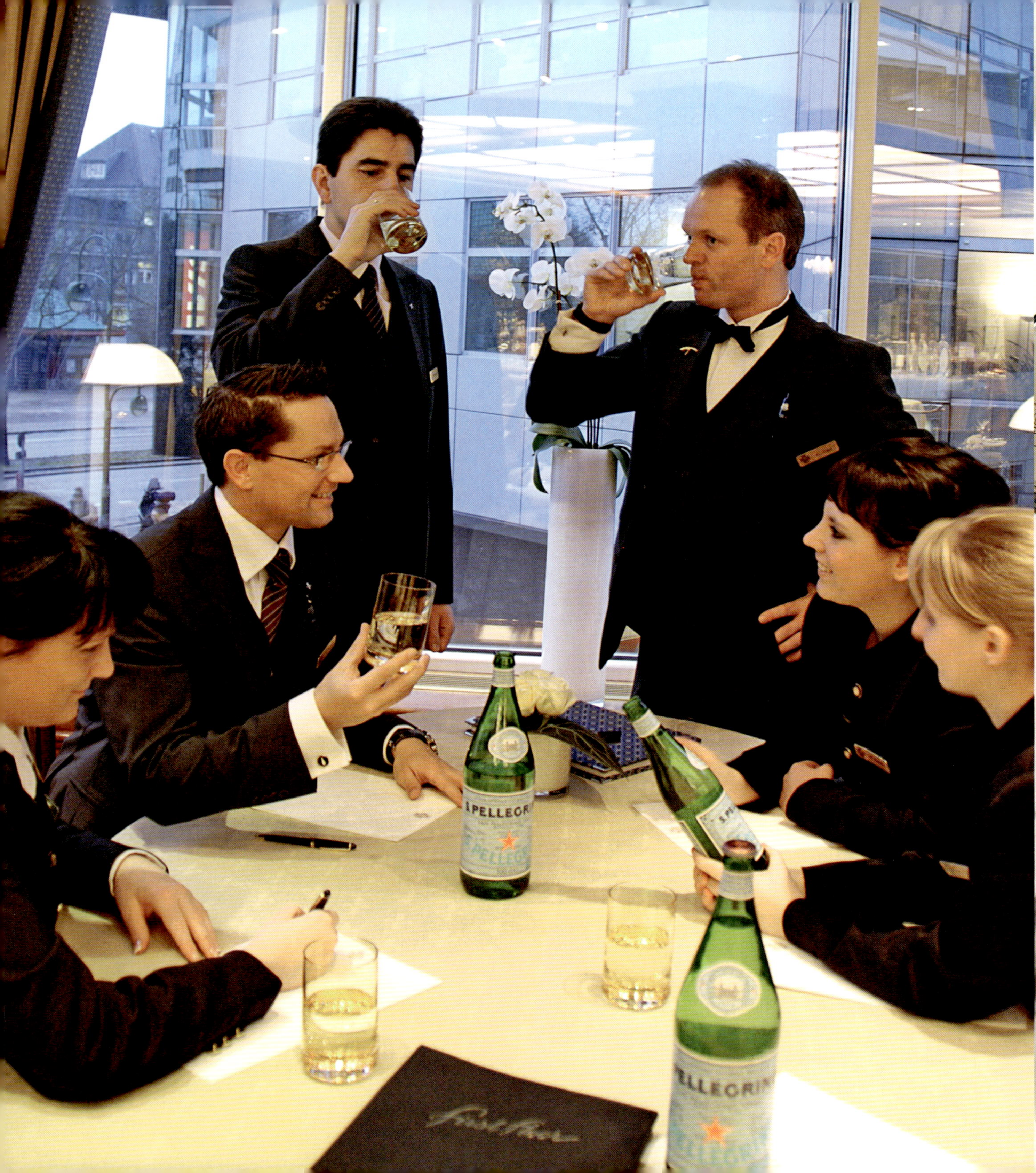

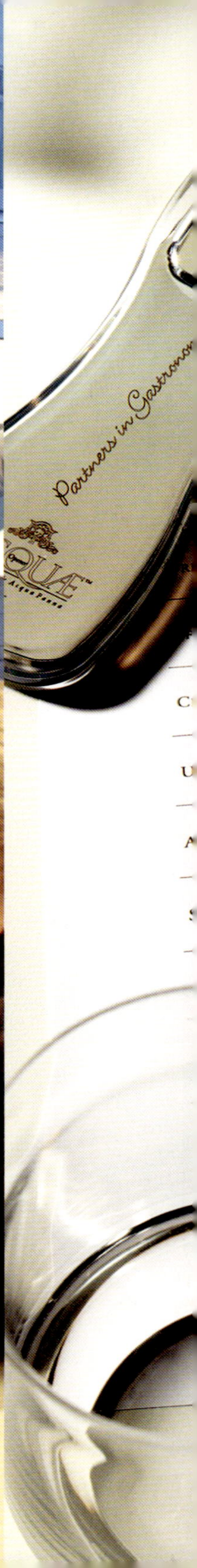

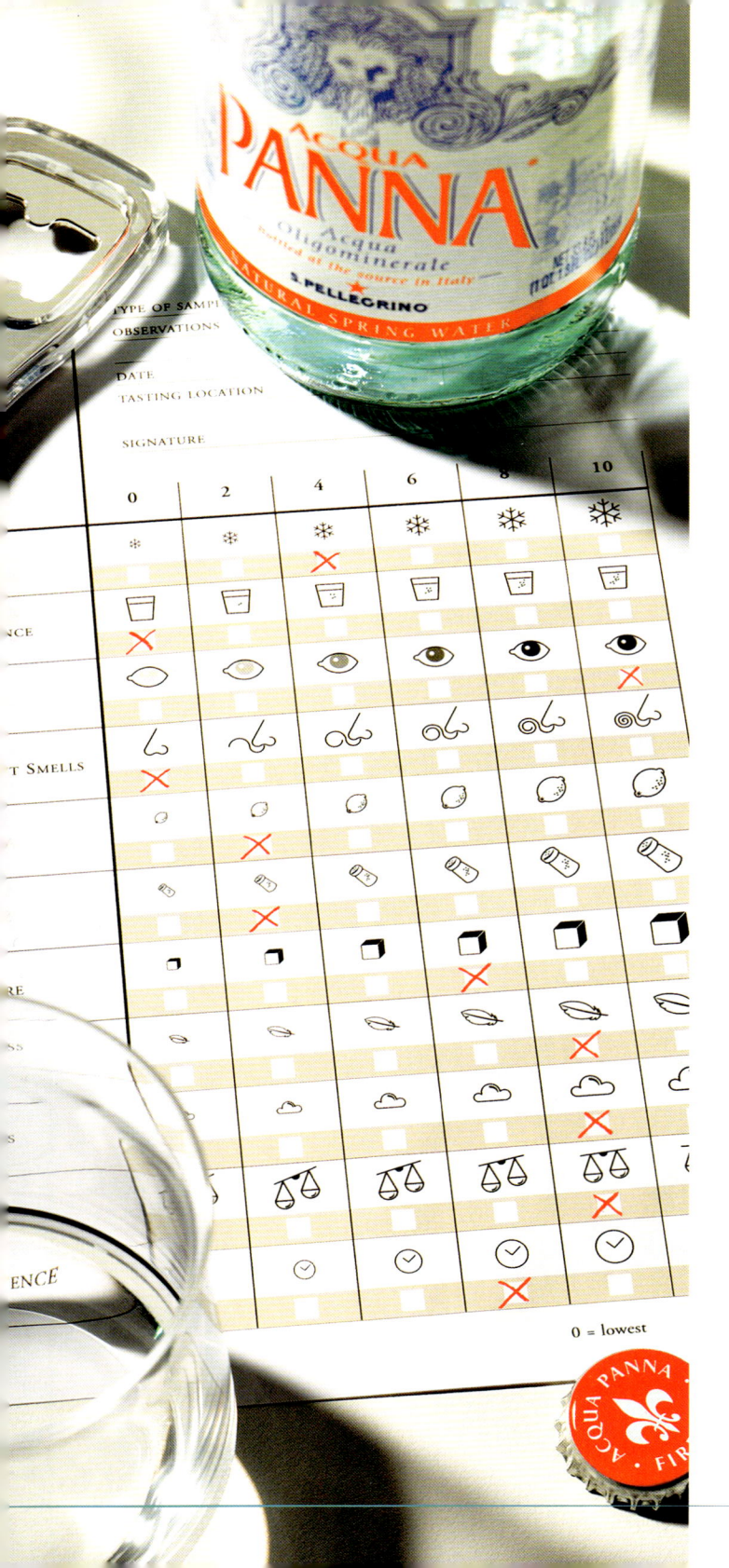

WASSERPROBE

Im First Floor im Hotel Palace hat sich eine kleine Gruppe zusammengefunden, um unter der Leitung des Maître Jerk Riese eine Wasserprobe durchzuführen. Dabei sind Gunnar Tietz, Chef-Sommelier im Hotel Palace, Stefan Jüling, Sommelier und Niko Rechenberg, Gastronomiekritiker und freier Redakteur (www.nikos-weinwelten.de).

Weshalb wird eine Wasserprobe durchgeführt?

Wasser zu probieren heißt, es rational und ohne Vorurteile zu beurteilen, dabei alle Sinne einzusetzen, um durch eine gründliche, systematische Analyse die Stärken und Schwächen eines Wassers zu erkennen. Der Geschmack eines Wassers wird durch so unterschiedliche Aspekte wie den pH-Wert, den Prozentsatz der gelösten Mineralien und auch der qualitativen Mineralisierung bestimmt. Und dies kann man durch eine Analyse mit den Sinnesorganen erstaunlich gut herausfinden!

ERGEBNISSE DER WASSERPROBE

Adelholzener Alpenquelle, Medium

Herkunft | Siegsdorf, Bayrische Alpen, Deutschland
Geschmack | Ausgewogene Mineralisierung, neutral, nicht salzig, mit einer leichten Süße im Abgang.
Passende Getränke/Speisen | Rotwein, leichtes Essen wie Salate und Desserts.
Besonderheit | Die Adelholzener Alpenquellen gehören zu der Kongregation der Barmherzigen Schwestern vom hl. Vinzenz von Paul. Die Erlöse des Unternehmens gehen nach Investitionen zur Erhaltung langfristiger Arbeitsplätze zu 100 % in Krankenhäuser, Alten- und Pflegeheime sowie in die Unterstützung zahlreicher sozialer Projekte.

Iskilde, Still

Herkunft | Mossø Naturschutzgebiet in der Nähe von der Stadt Århus, Dänemark
Geschmack | Ausgewogene Mineralität, neutral, samtig weich, leicht erdiger Nachgeschmack.
Passende Getränke/Speisen | Rotwein, kräftige Weißweine, Whiskey, gut zu geräucherten Speisen
Besonderheit | Das Wasser besitzt einen hohen Sauerstoffgehalt, obwohl das Wasser still ist, zischt es beim Öffnen durch den entweichenden Sauerstoff. Leichte, ganz feine Blasenbildung im Glas. Iskilde ist eines der reinsten Wässer, welches je in Dänemark gefunden wurde.

Voss, Still

Herkunft | In der Nähe von Oslo, Norwegen
Geschmack | Sehr wenig Mineralität, neutral, leicht herber Unterton.
Passende Getränke/Speisen | Tanninhaltige Rotweine, Salate wie Chicorée oder Speisen, die mit Limone verfeinert sind.
Besonderheit | Die Flasche wurde vom ehemaligen Chefdesigner von Calvin Klein, Neil Kraft, gestaltet. Erfreut sich großer Beliebtheit in Hollywood.

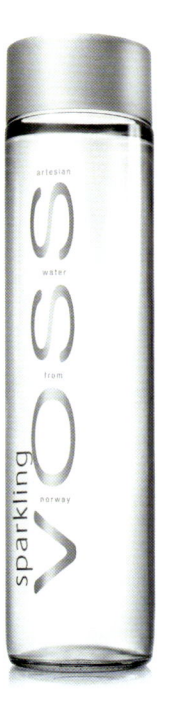

Cloud Juice, Still

Herkunft | Südspitze von King Island, Tasmanien, Australien
Geschmack | Sehr wenig Mineralität, neutral, sehr samtig weich, süßlich.
Passende Getränke/Speisen | Rotweine, säurebetonte Weißweine, sämtliche Arten von Süßspeisen.
Besonderheit | Keine Quelle, sondern 1.300 m² Kunststoffüberdachung, das Regen auffängt. Hier wird eines der reinsten Wasser abgefüllt, der Regen kommt aus der Antarktis. Eine Flasche enthält 100 % Regenwasser, um genauer zu sein: Eine Flasche Cloud Juice enthält 9750 Tropfen Regenwasser, also viel Spaß beim Nachzählen.

Lauretana, Ohne

Herkunft | Graglia, Piemont, Italien

Geschmack | Sehr geringe und ausgewogene Mineralität, neutral, leicht süßlich im Abgang.

Passende Getränke/Speisen | Kräftige, tanninreiche Rotweine, Vorspeisen, Salate, Fisch

Besonderheit | Aufgrund des sehr geringen Mineralstoffgehaltes neutralisiert Lauretana den Geschmack und bereitet so die Geschmacksnerven auf den nächsten Sinneseindruck vor. Lauretana gilt als das »leichteste Wasser Europas«, das bedeutet, es enthält von allen bekannten Mineral- und Quellwässern Europas den geringsten Mineralstoffgehalt. Also für Babynahrung ideal geeignet.

Cave H$_2$O, Medium

Herkunft | Hessisch Oldendorf, Weserbergland, Deutschland

Geschmack | Ausgewogene Mineralität, ganz leichte und gut eingebundene Kohlensäure, ein Hauch von Süße.

Passende Getränke/Speisen | Säurebetonte Weine wie Riesling und Sauvignon Blanc, Kaffee, Gänseleber und Süßspeisen.

Besonderheit | Das Mineralwasser sprudelt mit einer einzigartigen, geologisch-tektonischen Besonderheit ans Tageslicht. In Tausenden von Jahren entstand eine fein vernetzte Höhlenlandschaft, aus dem u. a. das Wasser heute noch seine Qualität und Reinheit erhält. Das Wasser hat einen ganz eigenen Geschmack, den man sofort unter anderen Wässern herausschmeckt.

S.Pellegrino, Medium

Herkunft | San Pellegrino, Lombardische Alpen, Italien

Geschmack | Gute ausgewogene Mineralität, die angenehme Kohlensäure löst sich im Mund auf, neutral im Geschmack.

Passende Getränke/Speisen | Weiß- sowie Rotweine, da sehr neutral im Geschmack kann man S. Pellegrino zu fast allem trinken.

Besonderheit | S. Pellegrino ist besonders in der Gastronomie sehr erfolgreich: ein eigener Restaurantführer (Kulinarische Auslese), der S. Pellegrino-Cooking Cup, wo die Crews ihre Fähigkeiten am Ruder wie auch in der Kombüse demonstrieren müssen, und der S. Pellegrino Sterne Cup der Köche (das Skirennen der Spitzenköche).

Apollinaris Selection, Medium

Herkunft | Bad Neuenahr-Ahrweiler, Eifel, Deutschland
Geschmack | Höhere Mineralität, Kohlensäure gut im Wasser integriert, leicht salzige Noten.
Passende Getränke/Speisen | Süßweine, Austern und Krustentier-Gerichte sowie als Neutralisator bei Gerichten mit hoher Aromendichte.
Besonderheit | Entdeckt hat die Quelle 1852 der Winzer Georg Kreuzberg. Der damalige Winzer ersteigerte einen Weinberg in dem Ahrtal/Eifel, aber seine angebauten Reben wollten nicht gedeihen. Diagnose: saurer Boden! Er ging der Sache buchstäblich auf den Grund und entdeckte eine Mineralwasserquelle höchster Qualität. Winzer bleibt Winzer und Georg Kreuzberg nannte die Quelle nach dem heiligen Apollinaris, einem Schutzheiligen des Weines.
Das rote Dreieck ist nicht nur eines der ältesten, sondern bis heute auch eines der bekanntesten Markenzeichen der Welt. (Quelle: Markenlehrbrief Gastronomie S. 28/29)

Rheinsberger Preussenquelle, Medium

Herkunft | Rheinsberg, Brandenburg, Deutschland
Geschmack | Sehr leichte Mineralität, recht neutral, nicht salzig.
Passende Getränke/Speisen | Rotwein, leichtes Essen wie Salate und Desserts.
Besonderheit | Rheinsberger Preussenquelle ist ein äußerst reines, mineralstoffarmes Wasser aus eiszeitlichen Gesteinsschichten. Untypisch für Deutschland, denn nur 4 bis 5 der 220 Mineralbrunnen in ganz Deutschland weisen eine solche niedrige Mineralität auf. Das in der einstigen barocken Residenzstadt im Norden Brandenburgs (bekannt durch Tucholsky, Fontane und Friedrich II.) geförderte Wasser ist deshalb besonders in der gehobenen Gastronomie beliebt. Sehr gut ist die Kohlensäure in dem Wasser eingebunden, überhaupt nicht aggressiv, sondern mit einer feinen Perlung. Besondere Beachtung verdient das von einem Brandenburger Künstler gestaltete Etikett.

Selters Leicht, Medium

Herkunft | Löhnberg-Selters, Taunus, Deutschland
Geschmack | Mittlere Mineralisation, gut eingebundene Kohlensäure, leicht würzig im Geschmack.
Passende Getränke/Speisen | Grau- und Weißburgunder, leichte Rotweine, Fleischgerichte.
Besonderheiten | Bereits die Kelten tranken das Wasser aus dem Quellort an der Lahn, welches besonders reich an wertvollen Mineralien und Salzen war und ist. Sie nannten den Ort »Saltarissa« und aus dieser keltischen Bezeichnungen entwickelte sich im Laufe der Jahre der Name »Selters«. Nach dem Ort wurde dann auch das Mineralwasser benannt. Das Wort Selters kennen 99 % der Deutschen und damit ist es eines der bekanntesten Produkte Deutschlands. Neben dem kohlensäurereduzierten Selters Leicht gibt es noch zwei weitere Varietäten: Selters Classic, welches durch sein spritzig-erfrischendes Prickeln überzeugt, und Selters Naturell – das stille Wasser ganz ohne Kohlensäure. So bietet Selters Genuss für jeden Geschmack.
Außer mit seiner einzigartigen Mineralisation begeistert Selters vor allem durch seine exklusive Gastronomieausstattung. Es ist heute DAS Mineralwasser für anspruchsvolle Tischkultur in der Gastronomie und Hotellerie. Mit ihrem einzigartigen Design, das an historische Vorbilder alter Selters-Tonkrüge angelehnt ist, zaubern die eleganten blau-türkisfarbene Selters-Flaschen festlichen Glanz auf jede Tafel.

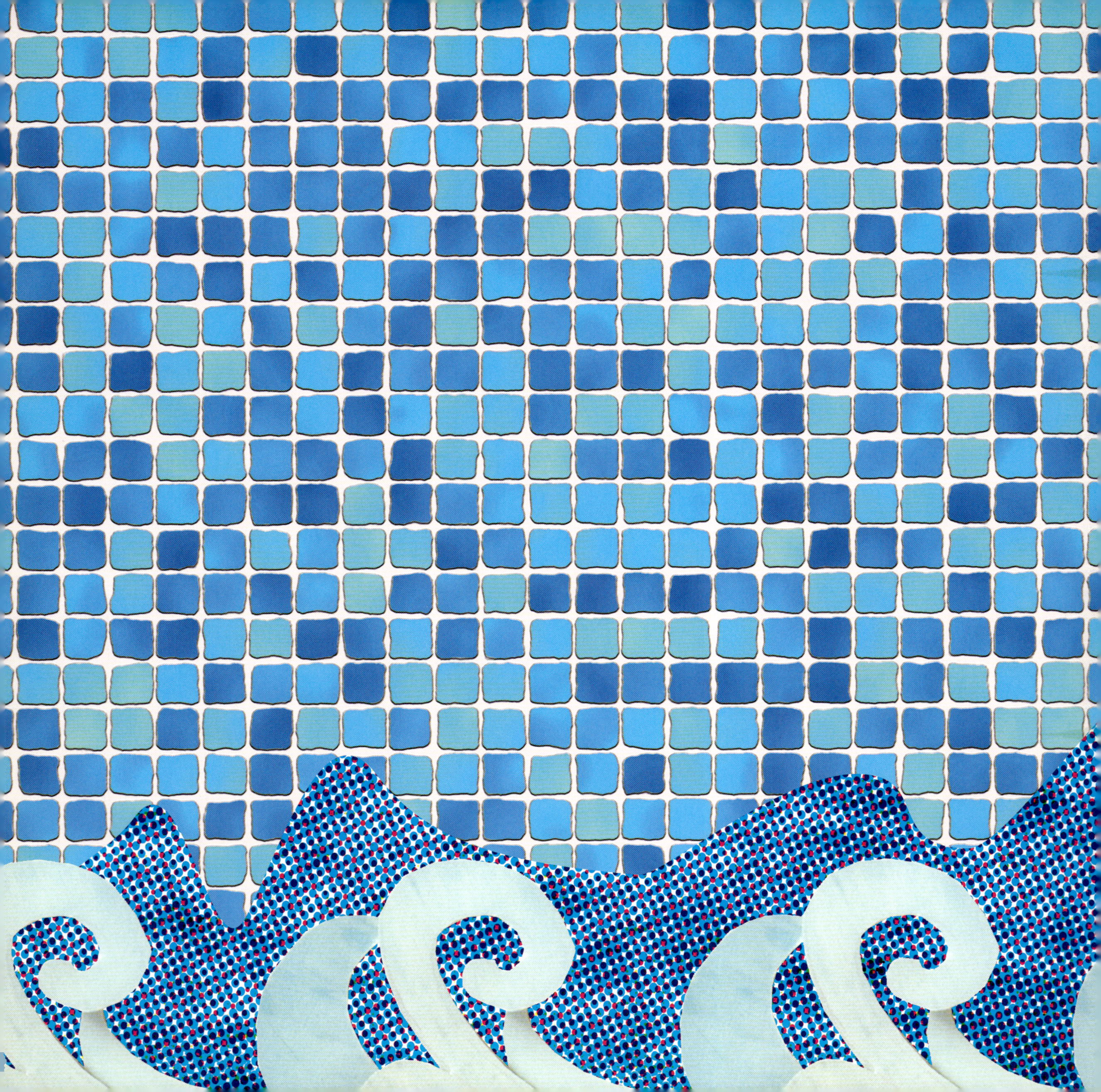

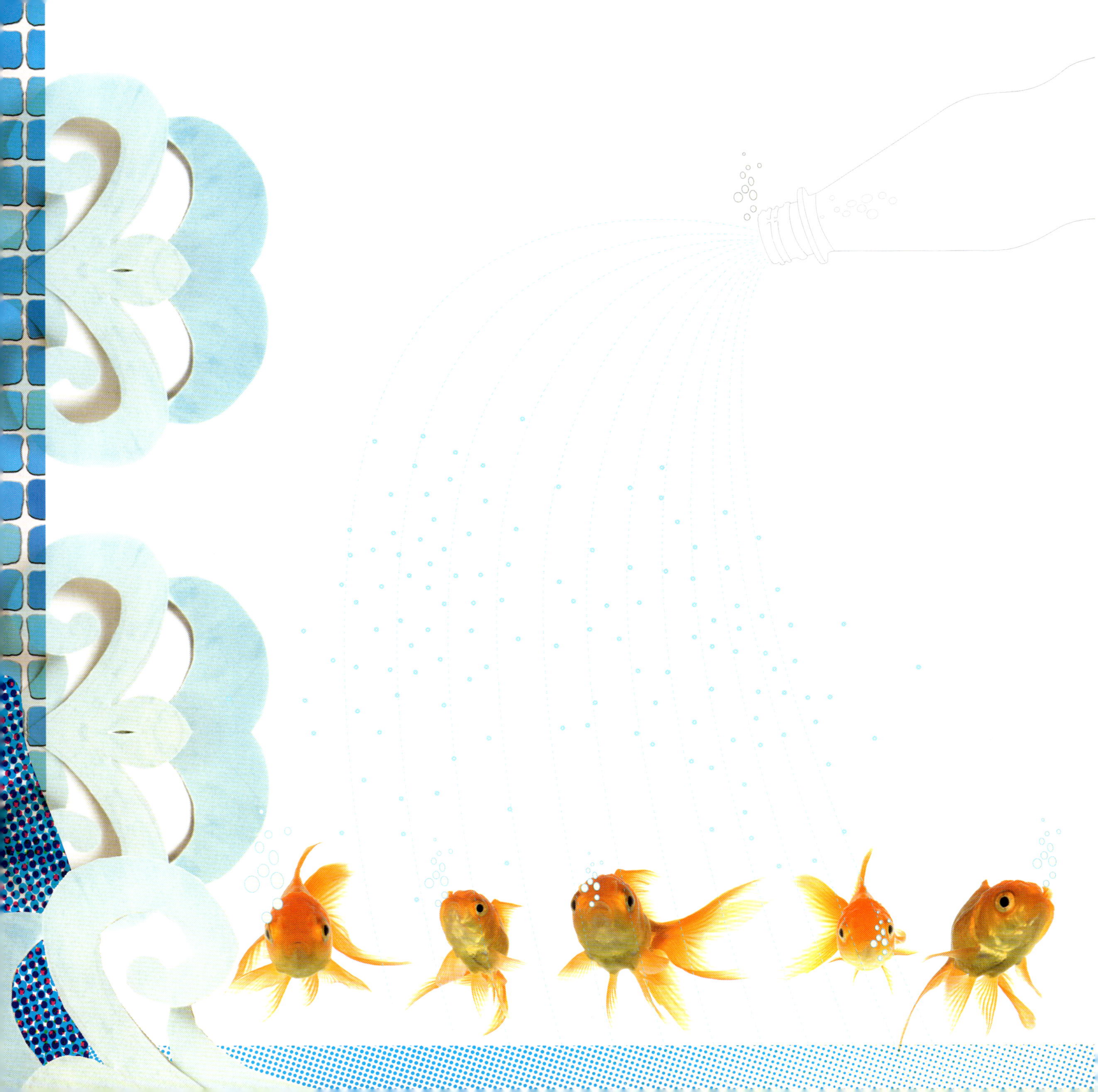

»Wasser ist eine farblose Flüssigkeit, die schwarz wird, wenn man sein Gesicht darin wäscht.«
(MICKEY MOUSE)

äußere AN-WEN-

ZUR ÄUSSEREN ANWENDUNG

Plantschen, spritzen, duschen, schütten, sprühen, schwimmen, tauchen, abtauchen, gleiten, schweben, baden, hüpfen, springen, surfen, beträufeln, klatschen, spielen, bewegen – Wasser macht einfach rundherum Spaß, denn es macht glücklich, wir fühlen uns wohl, wir entspannen und tanken Energie auf.

SANUM PER AQUAM

Gesund durch Wasser – SPA wirkt in vielen Behandlungsmethoden gut auf Körper und Seele.

Die sanfte Kraft des Wassers wirkt nicht nur wohltuend als äußere Anwendung auf unseren Körper, sondern wirkt auch entspannend als Seelen-Massage. Totale Entspannung im warmen oder auch kalten Wasser, mit Entlastung der Gelenke durch Schwerelosigkeit oder durch Wassersprudler als Massagegeräte zum Vorbeugen oder Heilen diverser Beschwerden. Die Schwerelosigkeit im Wasser ermöglicht zahlreiche Bewegungen, Streckungen und Massagen ohne unnötige Belastungen für den Körper. Eine manipulative Behandlung der Wirbelsäule hat Auswirkungen auf die inneren Organe, in erste Linie durch eine Beeinflussung der Sympatischen (stimulierenden) und der Parasympatischen (entspannenden) Nervensysteme. Diese sind zusammen als Autonomes bzw. Vegetatives Nervensystem bekannt, weil sie eine unwillkürliche Kontrolle über Organe und Gewebe ausüben. Mit dem Einsatz von spezieller Unterwassermusik werden die Frequenzen der Gehirnwellen gesenkt, je langsamer diese Frequenzen sind, desto entspannter und wohler fühlen wir uns.

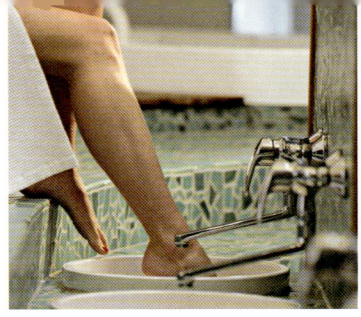

Wassertherapie kann unter anderem sehr hilfreich sein bei: Chronischen körperlichen Verspannungen – erhöhtem Stress – Rücken- und Gelenkbeschwerden – Regeneration nach Unfällen und Krankheiten – bei Kopfschmerzen und Migräne – um von Zeit zu Zeit zu entspannen und mit Energie vollzutanken – während der Schwangerschaft – als Begleittherapie bei Schönheits- und Diätkuren – sowie bei verschiedenen Behinderungen.

Das Umfeld Wasser wird seit Jahrtausenden für therapeutische Zwecke genutzt. Während die Griechen das Bad nach der körperlichen Ertüchtigung bevorzugten, wurde bei den Römern das Baden selbst mit Körperübungen kombiniert. Die Wurzeln der modernen therapeutischen Wassernutzung reichen somit mehr als 2.000 Jahre zurück.

Mit dem Niedergang des Römischen Reichs und seiner Kultur ging der Gedanke der Aktivität beim Baden verloren. Er wurde im Mittelalter durch den Glauben an die Heilkräfte der Immersion (Dauerbad) abgelöst. Es entwickelte sich die eher dem Vergnügen denn der Gesundheit und Reinigung förderliche Badehauskultur.

Wasser als Therapie

Die methodische Anwendung von Wasser »Hydro« und »Therapie« (aus dem Altgriechischen) behandelt akute und chronische Schmerzen, stabilisiert die Körperfunktionen und dient zur Vorbeugung, zur Regeneration und zur Rehabilitation. Hauptsächlich wird dies über die Temperatur des Wassers in allen drei Aggregatszuständen wie Eis, Wasser und Dampf erreicht. Die Anwendungsformen sind Waschungen, Wickel, Auflagen, Kompressen, Packungen, Güsse, Teil- und Vollbäder mit und ohne Zusätze, Sauna und Dampfbäder. Hydrotherapie verwendet den beruhigenden Allgemeineffekt des Wassers, denn Wasser regt die Prozesse im Körper an. Wasserbehandlung oder Hydrotherapie ist von den alten Kulturen der Griechen, Römer, Türken und Chinesen verwendet worden. Es wird auch in der Ayurveda-Lehre erwähnt. Heißwasser wird für weitende Blutgefässe, verspannte Muskeln und steife Verbindungen etc. verwendet, während für das Anregen der inneren Organe und gegen Entzündungen kaltes Wasser vorteilhaft ist.

»Das Wasser hat große Wirkungen, gewiss, es leistet mitunter Unglaubliches, aber wenn der Mensch nicht will, dann ist alles aus, gegen Dummheit kämpfen Götter und Wasserströme vergebens.«
(PFARRER SEBASTIAN KNEIPP)

Wasser als Heilmittel

Wasser bewegt, die Bewegungen fühlen sich leicht an, es fühlt sich schwerelos an. Der Atem geht tiefer, wir fühlen uns frei – befreit. Das bewirkt nicht zuletzt die hohe Dichte des Wassers, denn diese ist etwa tausendmal größer als Luft und verändert dadurch das Bewegungsverhalten und auch die Körperfunktionen im Wasser. Die Dichte des Wassers hat vier physikalische Eigenschaften wie Druck, Auftrieb, Widerstand und Wärmeleitfähigkeit, die Wasser zu einem Heilmittel machen. Der Körper hat beim Schwimmen, bei der Gymnastik im Wasser ein sehr geringes Gewicht, etwa nur 10 % vom Normalgewicht, und so werden Gelenke und Muskeln entlastet. Wasser massiert auch, das entsteht durch den erhöhten Druck auf den Körper, Durchblutung von Haut, Muskeln und Bindegewebe werden unterstützt. Straffung und Entschlackung des Gewebes wird gefördert und sogar der Bluthochdruck kann durch den Wasserdruck sinken. Je tiefer der Körper in das Wasser taucht, desto größer wird der Wasserdruck. Wasser ist auch ein guter Wärmeleiter. Die Leitfähigkeit zwischen unserem Körper und Wasser im Vergleich gegenüber Luft und unserem Körper ist größer und schneller. Wasser leitet Wärme etwa 25 Mal schneller als Luft. In kaltem Wasser gibt der Körper beispielsweise etwa vier Mal mehr Wärme ab als in der Luft. Der gesundheitsfördernde Wechsel von kaltem und warmem Wasser, der beim Wechselduschen oder in der Sauna den Kreislauf in Schwung bringt, wird durch diese Temperaturübertragung erst möglich. Kaltes Wasser stärkt das Abwehrsystem, warmes Wasser fördert die Entspannung. Wasser ist das meist genutzte Heilmittel der Welt.

Jungbrunnen – Quelle der ewigen Jugend

Der Glaube an die Heiligkeit des lebensspendenden Wassers an seinem Ursprung ist sehr alt. Der Volksglaube jeder Kultur verfügt über einen Quell der Jugend und Unsterblichkeit. Im Jahr 1513 trat der spanische Konquistador Ponce de Léon eine Expedition nach Florida an, wo er den Quell der Jugend zu finden hoffte, aber nicht fand.

La Forca del Aqua – Die Macht des Wassers

Prävention, Rehabilitation, aber auch allgemeines Wohlbefinden für die Ganzheit von Körper, Geist und Seele sowie Stärkung unseres Immunsystems – das alles verdanken wir der Heilkraft des Wassers. Der Körper bewegt sich im Wasser, wie es an Land nicht möglich wäre. Die fließenden, schwerelosen und harmonischen Bewegungen geben dem Körper neue Impulse und somit wieder Kraft – an Land. Wasser zur inneren und zur äußeren Anwendung ist ein Muss für die Gesundheit und für die Erhaltung.

»Alles fließt«

(HERAKLIT)

Trinkwasser

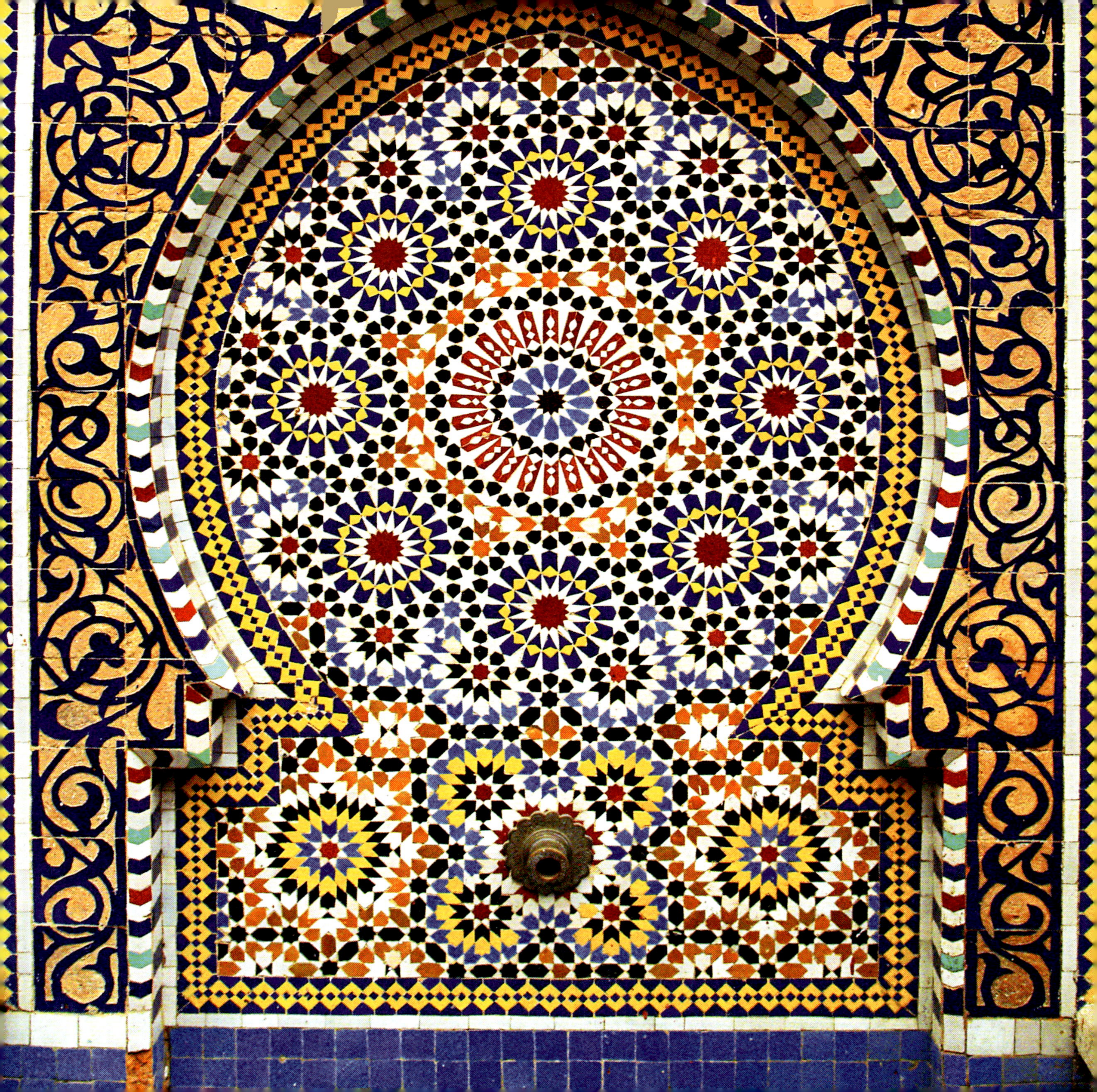

Kneipp® – eine Lebenshaltung

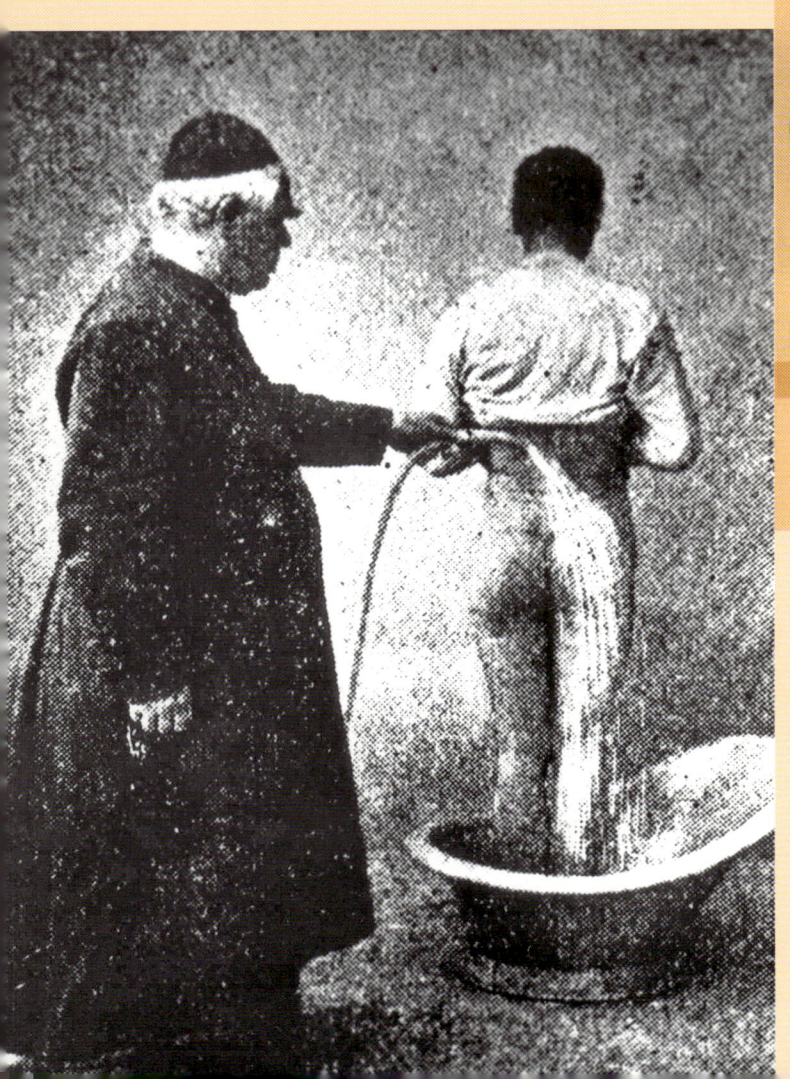

Für Sebastian Kneipp (1821–1897) war die Einheit von Körper, Geist und Seele ein zentrales Element für die Gesundheit eines Menschen. Um diese Einheit zu erreichen, entwickelte man nach seinem Tod fünf Prinzipien, deren Zusammenspiel beachtet werden sollte.

Das ursprüngliche Badehaus des von Friedrich Franz I. Herzog von Mecklenburg gegründeten ältesten Seebads Deutschlands ist behutsam renoviert, integriert vom Luxushotel Kempinski in Heiligendamm. Der Spruch über dem Eingang hat auch heute nach über 200 Jahren noch nicht seine Gültigkeit verloren:

»Heic te laetitia invitat post balnea sanum« | *»Hier erwartet Dich Freude, entsteigst Du gesundet dem Bade«*

In der Kneipp-Anschauung bildet die Hydrotherapie die Basis. Es ist die methodische Anwendung von Wasser zur Behandlung akuter oder chronischer Beschwerden, Abhärtung bzw. Stabilisierung der Körperfunktionen, Regeneration und Rehabilitation. Dabei wird vor allem der Temperaturreiz des Wassers – kalt, warm oder heiß –, weniger der Druck oder der Auftrieb als therapeutischer Reiz genutzt. Die Wasserkur von Sebastian Kneipp ist Teil der klassischen Naturheilkunde.

Pfarrer Sebastian Kneipp hat seine Therapie auf fünf Säulen gestützt: Heilkraft des Wassers, Vitalität durch Bewegung, Heilwirkung der Kräuter, gesunde Ernährung, Harmonie von Körper und Geist. Pfarrer Kneipp entdeckte die heilende Wirkung des Wassers aus eigener Not: Lungenkrank und von den Ärzten aufgegeben, kurierte er sich selbst durch Bäder in der Donau.

Die Heilkraft des Wassers ist die bekannteste Form der Kneipp-Therapie: Die Güsse, Bäder und Waschungen bewirken Warm- und Kaltreize, die stimulierend und heilend auf Blutgefäße, Nerven, Haut und innere Organe wirken. Wasser steht für pure Lebensenergie, es ist erfrischend und vitalisierend. Der Körper wird mit Wasser auf angenehme und sanfte Art fit gehalten: Mit Kräuterbädern, Güssen oder einfach, indem man in freier Natur barfuß über eine mit Morgentau benetzte Wiese oder durch ein erfrischendes Bachbett geht. Das Wasser entfaltet auf natürliche Art seine Kraft im Wechselspiel zwischen warm und kalt für Haut und Muskeln, dem Stoffwechsel und den Blutgefäßen. Regelmäßige Bäder und Wassergüsse sorgen für einen stabilen Kreislauf und regen auf wohltuende Weise den Stoffwechsel an und stärken somit das Immunsystem. Die Harmonie von Körper und Geist, Ordnung in der Seele – auch dies erklärte Kneipp zum wesentlichen Therapieziel. Zu Recht: Mittlerweile sind Zivilisationskrankheiten wie Stress, innere Unruhe sowie temporäre Depressionen häufige Krankheitsursachen, und Entspannungstherapien sowie autogenes Training gehören zu jeder Kneippkur.

Erklärung (Originaltext) von Pfarrer Sebastian Kneipp zur Frage, auf welche Weise das Wasser die Heilung bewirkt:

»Den Tintenfleck auf der Hand wäscht das Wasser schnell ab, die blutende Wunde reinigt es aus. Wenn du im Sommer nach angestrengtem Tagewerk dir mit frischem Wasser den verkrusteten Schweiß von der Stirne wäschest, so lebst du neu auf: es kühlt, kräftigt und thut wohl. Die Mutter gewahrt auf dem Köpfchen ihres Kleinen Schuppen und festsitzende Krusten. Sie nimmt warmes Wasser oder gar Lauge und löst die Unreinigkeiten auf.

Auflösen, ausleiten (gleichsam abwaschen), kräftigen, diese drei Eigenschaften des Wassers genügen uns, und wir stellen die Behauptung auf: Das Wasser, speziell (im Besondern) unsere Wasserkur heilt alle überhaupt heilbaren Krankheiten; denn ihre verschiedenen Wasseranwendungen zielen darauf ab, die Wurzeln der Krankheit auszuheben; sie sind im Stande: a) die Krankheitsstoffe im Blute aufzulösen; b) das Aufgelöste auszuscheiden; c) das so gereinigte Blut wieder in die richtige Zirkulation zu bringen; d) endlich den geschwächten Organismus zu stählen und zu neuer Tätigkeit zu kräftigen.«

DER KNEIPP-BUND ALS DACHVERBAND

Der Kneipp-Bund e.V. (www.kneippbund.de) ist der Dachverband von rund 660 Kneippvereinen mit etwa 160.000 Mitgliedern und weitaus mehr nicht organisierten Anhängern in Deutschland. Der Bund sieht es als Auftrag, die Lehre von Sebastian Kneipp zu verbreiten und zur Gesundheit möglichst vieler Menschen beizutragen (siehe auch www.kneippvisite.de). Sitz des Kneipp-Bunds ist die Wirkungsstätte von Kneipp, der Kurort Bad Wörishofen im Unterallgäu. Neben dem Kneipp-Zentrum gibt es dort auch ein Kneipp-Kurhotel und eine Fortbildungseinrichtung, die SKA (»Sebastian-Kneipp-Akademie«). Externe Unternehmen des Kneippbunds sind ein weiteres Kurhotel im Kneipp-Kurort Bad Lauterberg im Harz sowie eine Berufsfachschule, die Sebastian-Kneipp-Schule. Und nicht zuletzt verfügt er auch über einen politischen Arm: das Gesundheitsbüro in Berlin.

DIE KRAFT DES WASSERS

Wasser – heiß, kalt, »nachdrücklich« oder drucklos, im Wechsel und an unterschiedlichen Körperstellen im Einsatz – hat heilende und vorbeugende Wirkung auf den gesamten Organismus. Kneipp entwickelte all diese Anwendungen weiter, verfeinerte und kombinierte sie, um das Immunsystem zu trainieren. Heute weiß man: Wasser ist pure Natur, Energiequelle und das reinste Beauty-Elixier. Es löscht unseren Durst, regelt die Körpertemperatur, treibt unser Herz an und schleust alle notwendigen Nährstoffe zu unseren Zellen. Schon der Blick ins Blaue hat erwiesenermaßen eine positive Wirkung auf Geist und Seele des Menschen – er senkt den Blutdruck!

> »*Was hülfe es dem Menschen, wenn er die ganze Welt gewönne und nähme doch Schaden an seiner Seele?*«
>
> (PFARRER SEBASTIAN KNEIPP)

DIE ANWENDUNGEN IN DER KNEIPP-THERAPIE

Die Wirkung des Wassers ist so einfach wie genial: es reizt! Die Haut mit ihren Millionen von Nerven nimmt die prickelnde Kühle eines Tautropfens ebenso wahr wie die wohltuende Wärme eines finnischen Dampfbads. Genau dies macht sich die Kneippsche Wassertherapie zu Eigen. Sie setzt genau dosierbare Kälte und Wärmeeffekte ein, um positive Reaktionen des Körpers auszulösen. Die Wirkung beruht vor allem auf thermischen Reizen mit ihren vielfältigen Wirkungen auf den Organismus und der ausgleichenden Bewegung nach den wechselwarmen Anwendungen. Behandelt werden können nahezu alle Erkrankungen von Herz- und Kreislaufproblemen bis hin zu Rheuma und Stoffwechselstörungen. Die über 100 überlieferten Wasseranwendungen, die heute in den Kurorten angeboten werden oder zu Hause durchgeführt werden können und Kneipps legendäres Bad in der eiskalten Donau haben vor allem eines gemeinsam: Sie wirken – von innen, von außen, flüssig, als Dampf oder Eis.

Wassertreten:

Hier ist Abhärtung ein wesentlicher Effekt: Unempfindlichkeit gegen Erkältungen und eine Stärkung des Kreislaufs erfährt, wer regelmäßig barfuß auf nassen Böden, im Wasser (Wassertreten), auf taufrischen Wiesen (Tautreten) oder in der weißen Pracht (Schneelaufen) geht. Jedoch werden Neulinge sanft und allmählich mit den Kaltwasseranwendungen vertraut gemacht, man sollte nicht frieren, sondern ein angenehmes Prickeln spüren.

Kneippsche Güsse:

Güsse sind ein einfaches Mittel mit einer großen Wirkung. Das Besondere an Kneipps Güssen liegt darin, dass durch einen gebundenen, fast drucklosen Wasserstrahl ein Temperaturreiz nahezu ohne Druck auf die Rezeptoren in der Haut ausgeübt wird.

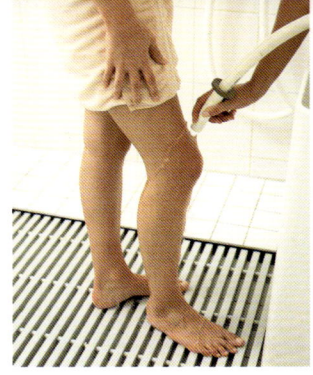

Druckstrahlgüsse oder Blitzgüsse:
Blitzgüsse werden meist unter Druck aus größerer Entfernung verabreicht und können kalt (anregend) oder heiß (massierend/lockernd) erfolgen. Bei Druckgüssen wird das Wasser mit hohem Druck an die zu massierenden Körperstellen abgegeben. Diese Anwendung sollte jedoch nur von Fachleuten durchgeführt werden!

Ob warm, ob kalt – Wickel wirken Wunder:
Wickel oder Umschläge umhüllen den zu behandelnden Körperteil und wirken dann über die warme oder kalte Temperatur und über die Substanzen, mit denen sie getränkt wurden. Bei kalten Wickeln mindert die angenehme Kühle die Durchblutung, wirkt abschwellend und entzündungshemmend. Warme Wickel wirken bei schwacher Durchblutung, Kälte- und Völlegefühl sowie bei Nervosität und Magen- und Darm-Krämpfen.

Abreibungen:
Keine Angst: Hier sind im Wortsinne milde, reibende Massagen gemeint, wobei der Körper in ein angefeuchtetes, kühles Leinentuch gehüllt wird. Bei dieser Form der »Wasseranwendung« wird die Temperatur durch den mechanischen Reiz verstärkt. Abreibungen fördern die Durchblutung der Haut und steigern den Stoffwechsel.

Bäder:
Es gibt Teilbäder, bei denen zum Beispiel Arme und Beine kaltem und/oder heißem Wasser ausgesetzt werden, und Vollbäder. Ob mit oder ohne Kräuterzusatz – die Bäder wirken durchblutungsfördernd und entspannend.

Sauna:
Der Heiß-Kalt-Wechsel ist der Kern des Saunierens, aber auch die extremste Form. Die Sauna ist ein Förderer von Gesundheit und Wohlbefinden und wirkt mit ihren Temperaturunterschieden wie ein Hochleistungstraining für alle Gefäße. Die Wärme erweitert die Bronchien, das Schwitzen entschlackt. Wichtig: die gründliche Abkühlung in Form eines Vollgusses danach, am besten über die Schwalldusche.

Sprühnebel- und Massageduschen:
Im kalten Erfrischungsnebel erlebt der Körper eine sanfte Abkühlung und eine entspannende Wassermassage, zum Beispiel nach den Saunagängen.

Kyrotherapie:
Dies ist ein Sammelbegriff für alle Behandlungsverfahren mit der gezielten Anwendung von Kälte – je kälter der Reiz, desto stärker die Wirkung. Nur aufgrund der intensiven Beobachtung und Erforschung von Kältereizen durch Sebastian Kneipp konnten die Wirkungsmechanismen wissenschaftlich belegt werden. Die medizinische Kyrotherapie eignet sich besonders bei Entzündungen.

Aqua-Sport:
Bei den modernen und effizienten Bewegungssportarten im Wasser werden Muskeln, Ausdauer und Fitness trainiert, das Herz-Kreislauf-System gestärkt und die Haut massiert. Dieses wohltuende Ausdauertraining verbessert die körperliche Vitalität und löst Verspannungen, ist nicht nur gesund und gelenkschonend, sondern macht auch Spaß.

HELFER DER MENSCHHEIT
SEBASTIAN KNEIPP
10
+5 DEUTSCHE
BUNDESPOST

Wörishofen Aug. 94.

Thalasso – die Kraft des Meerwassers

»*Man kann die Erkenntnisse der Medizin auf eine knappe Formel bringen: Wasser, mäßig genossen, ist unschädlich.*«
(MARK TWAIN)

ANWENDUN

Das Wort Thalasso ist vom griechischen Wort »thalassa«, die Bezeichnung für Meer, abgeleitet. Es bezeichnet die Behandlung von Beschwerden und Krankheiten mit kaltem oder erwärmtem Meerwasser in Verbindung mit der Umgebung des Meeres, dazu gehören Meeresluft, Sonne, Sand, Algen und Schlick. Ausgelöst hat dies der englische Arzt Richard Russell, der im Jahr 1750 die therapeutische Wirkung von Meerwasser gegen Infektionskrankheiten erkannt hat. In Deutschland bekam die Thalasso-Therapie im Jahr 1793 Anerkennung mit der Eröffnung des ersten Seeheilbades in Heiligendamm. Lange Jahre florierten die Heilbehandlungen in Deutschland, wurden aber nach dem 2. Weltkrieg nahezu eingestellt, zum Teil aufgrund der hohen Kosten, aber auch durch den Einsatz von neuen Medikamenten.

SPEZIAL UND ORIGINAL

Eine Thalasso-Therapie gibt es nur am Meer, damit die Grundlagen in Symbiose mit der landschaftlichen Umgebung stimmen und ineinander fließen. Heutzutage liegt die Kraft der Thalasso-Therapie in der Kombination moderner Medizin und der Heilkraft des Meeres. Im Endeffekt nutzt Thalasso die Kraft des Meeres mit seinem enormen Potenzial an Spurenelementen, Vitaminen, Proteinen, Mineralstoffen und Aminosäuren, welche in Meerwasser, Meersalz, Meeresalgen und Meeresschlamm enthalten sind. Die Kombination aus Meerboden, Meerwasser, Meerpflanzen und Meeresluft hat einen großen reparativen Einfluss auf den Körper. Sie verbessert, wenn sie ausreichend konzentriert ist, nachhaltig den Stoffwechsel des Organismus.

VORBEUGUNG UND REHABILITATION

Vor allem die Behandlung von Atemwegserkrankungen, chronischen Hautkrankheiten und Rheuma sind die vorrangigen Themen in der Thalasso-Therapie. In Deutschland gibt es an der Nord- und an der Ostsee Thalasso-Einrichtungen, das größte Thalasso-Zentrum befindet sich auf Norderney. Doch in Deutschland gibt es keine Vorschriften für die Umsetzung der original Thalasso-Therapie. Anders in Frankreich, dort ist der Begriff ein geschützter Name. In Tunesien gibt es sogar strenge Gesetzte zur Umsetzung der Therapie. Der deutsche Thalasso-Verband (www.thalasso-verband.de) will nun gegen Einrichtungen und Hotels vorgehen, die »halbseidene Anwendungen« anbieten, oftmals auch gar nicht in Meeresnähe sind, und zertifiziert Hotels nach einem strengen Kriterienkatalog, damit der Verbraucher europaweit gleichbleibende Qualität vorfindet. Vorlage für den Kriterienkatalog war der Beschluss des Europäischen Thalasso-Kongresses im Jahr 2002: 120 Thalasso-Experten aus 11 europäischen Ländern erarbeiteten zusammen die gemeinsamen Qualitätskriterien für die Thalasso-Zentren in Europa. Voraussetzung der Zertifizierung ist eine Selbstauskunft des Unternehmens nach einem umfangreichen Fragenkatalog sowie die Prüfung der Aussagen durch den Verband und eine Begehung vor Ort. Bewertet werden u. a. die Entfernung zum Meer, das Vorhandensein einer Meerwasserleitung und die Verwendung des frisch gepumpten Meerwassers für alle Anwendungen, die verschiedenen Angebote der original Thalasso-Therapie, die Gästestruktur, die Größe des Zentrums, Ernährungsangebote und der Stand der Mitarbeiter-Qualifizierungen. Auch der Reinigungs- und Wartungsplan, permanente Hygienekontrollen und der Nachweis von Luft- und Wasserqualität spielen eine Rolle.

Das erste Gütesiegel vom deutschen Thalasso-Verband ging an das erste Original-Thalasso-Zentrum am Warnemünder Ostseestrand, Hotel Neptun.

»Nur wenn alle Kriterien erfüllt werden, wird das Zertifikat vom Thalasso-Verband vergeben. Das Neptun mit seinem 2.400 qm großen Thalasso-Vital-Center ARKONA SPA hat sein Thalasso-Zentrum bereits seit 1997 nach internationalen Maßstäben ausgerichtet und ist damit auf diesem Gebiet Pionier und für uns die Thalasso-Kompetenz in Deutschland.«

Am Beispiel vom Fünf-Sterne-Hotel Neptun (www.hotel-neptun.de) wird gezeigt, wie Thalasso hilft, auch Zivilisationskrankheiten wie Stress und Erschöpfung in den Griff zu bekommen, um verbrauchte Energien zu erneuern, den Stoffwechsel anzuregen und die körperlichen Abwehrkräfte zu stärken. Auch die Haut wird klarer und straffer. Die Thalasso-Therapie wird heute als gleichzeitige Anwendung aller regulierenden Elemente des Meeresmilieus unter ärztlicher Kontrolle mit dem Ziel der Vorbeugung und Therapie definiert. Klima, Algen, Schlamm und Sand vervollständigen so die günstige Wirkung der lebendigen und wichtigen Ressource, dem Meerwasser. Zu den wichtigsten Anwendungen der Thalasso-Therapie gehören die Anwendungen mit/im Meerwasser (Bäder, Duschen, Wassergymnastik), Packungen, Anwendungen mit Aerosolen (Gruppen- und Einzelaerosol), Anwendungen in der aerosolen Brandungszone (Klimawanderungen, Walking) sowie begleitende Maßnahmen wie Trockenmassagen und Gymnastik.

Die Original-Thalasso-Therapie beinhaltet sechs Behandlungstage – täglich drei Einzelanwendungen und eine Gruppenanwendung. Sie beginnt mit einem ärztlichen Check, auf dessen Grundlage die Thalasso-Ärztin oder der Thalasso-Arzt anschließend individuell die passenden Thalasso-Anwendungen festlegt. Eine weitere Basis für die individuelle Therapie bilden ein Gesundheitsfragebogen sowie der persönlich gewünschte Programmschwerpunkt. Schließlich können mit Original-Thalasso-Anwendungen verschiedene Ziele erreicht werden, von der strafferen Haut bis zur Linderung rheumatischer Beschwerden.

Ärztlicher Check

Am Anfang jeder Thalasso-Kur steht eine medizinische Untersuchung. Danach wird ein individueller Behandlungsplan aus verschiedenen Anwendungen erstellt, in denen Meerwasser, Meeresalgen, Meeresschlamm und Meeresluft kombiniert werden. Eine Thalasso-Kur aktiviert nicht nur die körpereigenen Abwehrkräfte, sondern auch alle Organsysteme. Deshalb sollten Personen mit gesundheitlichen Problemen, wie zum Beispiel Schilddrüsenüberfunktion, Jodunverträglichkeit, Bluthochdruck, Nieren- und Herz-Kreislaufproblemen, vor einer Thalasso-Kur bzw. -Anwendung einen Arzt konsultieren. Bei Krampfadern und Besenreisern ist es empfehlenswert, die betroffenen Körperregionen von den wärmenden Anwendungen auszusparen.

Aqua-Gymnastik

Eine sanfte Form der Konditions- und Kraftübungen.

Das Geheimnis: Wasser setzt dem Körper enormen natürlichen Widerstand entgegen. Für die Muskeln bedeutet der Widerstand, der im Vergleich zu ähnlichen Übungen außerhalb des Pools um mindestens 50 % erhöht ist, einen höheren

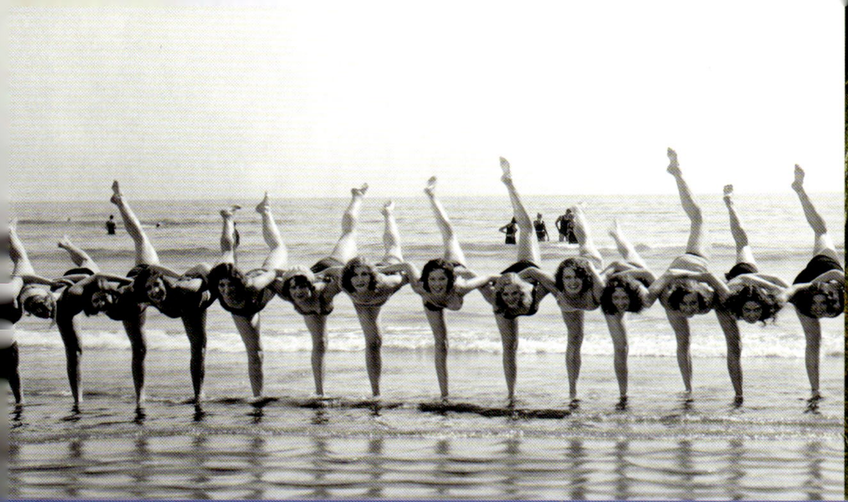

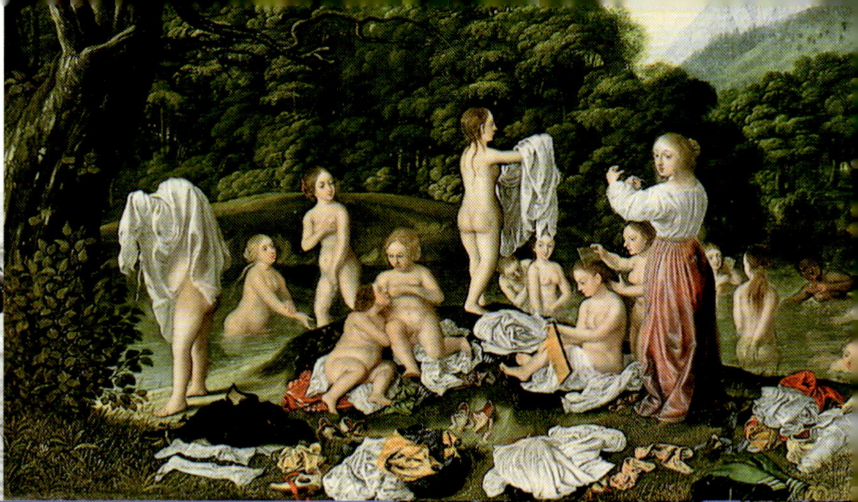

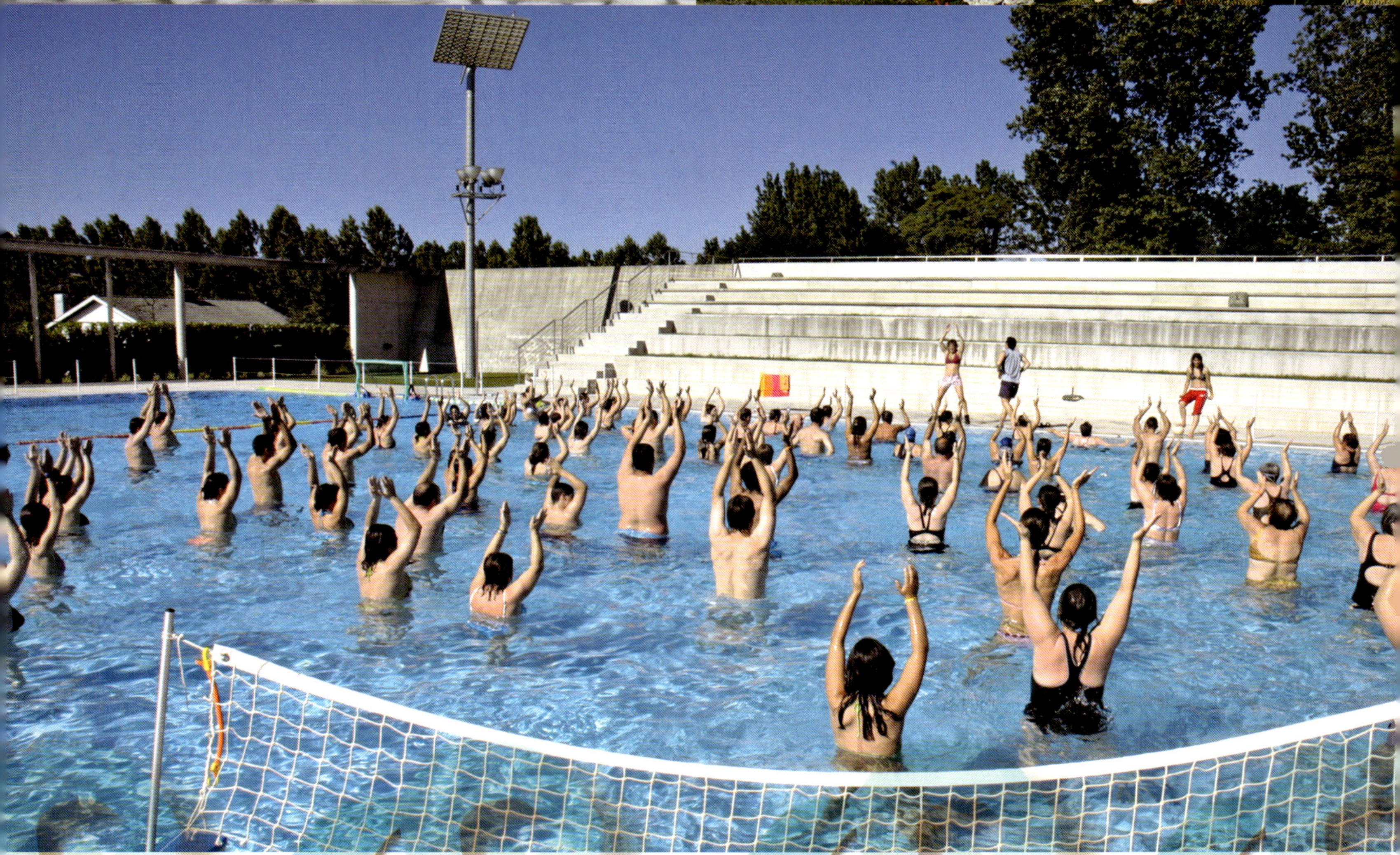

Kraftaufwand und mehr Arbeit. Dadurch kann sich die erwünschte Muskelmasse intensiv ausbilden.

Der Kreislauf und die Haut werden durch den Wasserdruck besser durchblutet, auch wird so die Fettverbrennung angeregt. Diese intensive Massage bewirkt eine Festigung des Bindegewebes und eine Straffung der Haut.

Generell wird der gesamte Bewegungsapparat mit seinen Bändern, Sehnen und Gelenken geschont. Das Wasser hilft dem Körper, wie in einer Schwerelosigkeit ohne großes Verletzungsrisiko aktiv zu sein bzw. zu trainieren. Zusätzlich wird durch den Temperaturwechsel (28–30 °C) und die Anpassung des Körpers daran das Immunsystem gestärkt.

Die besten Trainingserfolge erzielt man, wenn man zwei- bis dreimal wöchentlich eine halbe Stunde trainiert.

Jet-Dusche (Meerwasserdruckstrahlmassage)
Der Hydrotherapeut führt aus der Entfernung mit einem Meerwasserstrahl eine Druckmassage in verschiedenen Temperaturbereichen und Intensitäten durch. Die Behandlung wirkt belebend, sie regt den Kreislauf an und hilft bei lokalen Verspannungen, bei Cellulite und Übergewicht.

Meerwasserwannenbäder
Meerwasserbäder sind heilsam und wirksam insbesondere bei der Behandlung von
- *Atemwegserkrankungen*
- *Hauterkrankungen*
- *Kreislauferkrankungen*
- *Vegetativer Dystonie und*
- *Erkrankungen des Bewegungsapparates.*

Die Wirkung basiert auf den physikalischen und chemischen Eigenschaften, wie dem hydrostatischen Druck, dem Auftrieb, der Wassertemperatur sowie den gelösten Inhaltsstoffen wie Mineralien, Spurenelementen organischen Substanzen. Grundsätzlich gilt: Badetemperaturen knapp unterhalb der Körpertemperatur wirken entspannend, sie sind jedoch nur für Menschen mit einer stabilen Gesundheit geeignet. Höhere Badetemperaturen sind am wirkungsvollsten für eine entschlackende, stoffwechselanregende und gewebefestigende Wirkung. Sie sollten jedoch bei Herz-Kreislauf- und Schilddrüsenstörungen nicht ohne medizinische Betreuung und Beratung durchgeführt werden.

Durch den Druck des Wassers in der Wanne auf die Körperoberfläche wird die Durchblutung der Hautgefäße erhöht. Durch diesen kompressiven Effekt auf die venösen Gefäße kommt es zu einer schonenden Anregung des Kreislaufs. Auf das vegetative Nervensystem wirkt das Meerwasserwannenbad besonders beruhigend und entspannend. Die osmotischen und chemischen Eigenschaften des Salzwassers führen in Verbindung mit der Wärme zu einer komplexen, unspezifischen Reizwirkung.

Meerwasserbad mit Hydromassage

Ein Bad im frisch aus dem Meer gepumpten Meerwasser in einer Spezialwanne. Bei der Berührung mit dem Meerwasser öffnen sich die Poren, dadurch gelangen die lebenswichtigen Mineralstoffe und Spurenelemente des Meerwassers wie Eisen, Kobalt und Calcium direkt in den Körper. Über 200 Meerwasser- und Luftdüsen massieren zyklisch die Haut von den Füßen bis zum Nacken sowie die Unterhaut des gesamten Körpers. Durch diesen kraftvollen Druck werden die Muskeln intensiv stimuliert und der Bluttransport im Gewebe verbessert. Das Meerwasserbad regt den Stoffwechsel an, entspannt, entschlackt und beruhigt.

Meerwasserbad mit Algen und Hydromassage

Klassisches Thalassobad mit mikropulverisierten Algen in reiner und natürlicher Form im frisch gepumpten Meerwasser. Dieses maritime Powerpaket aus Vitaminen, Mineralien, Spurenelementen und Aminosäuren regt den Stoffwechsel an, entschlackt, entgiftet, durchfeuchtet, entspannt, remineralisiert und strafft den ganzen Körper.

Meerwasser-Kneipp-Gang

Wassertreten ist eine der bekanntesten Hydrotherapien und wurde von dem Pfarrer und Naturheilkundler Sebastian Kneipp entwickelt. Im Storchenschritt im Becken eine Minute auf- und abmarschieren. Bei jedem Schritt muss das Bein vollständig aus dem Meerwasser gehoben werden. Beine anschließend nur leicht abtupfen, warme Socken anziehen und einige Minuten hin und her gehen, dabei die frische Meeresluft tief und ruhig ein- und ausatmen. Es aktiviert das Immunsystem und bringt den Kreislauf in Schwung. Die Durchblutung in den Gefäßbahnen wird angekurbelt, es gelangen mehr Nährstoffe und Sauerstoff zu den Organen. Das Immunsystem wird stimuliert, mehr Abwehrzellen zu produzieren.

Vichy (Nebelsprühdusche)

In liegender Position wird der Körper von einem warmen, feinen Meerwasserregen massierend berieselt. Man erfährt unter einem warmen Meerwasserregen ein tiefes Gefühl der Entspannung.

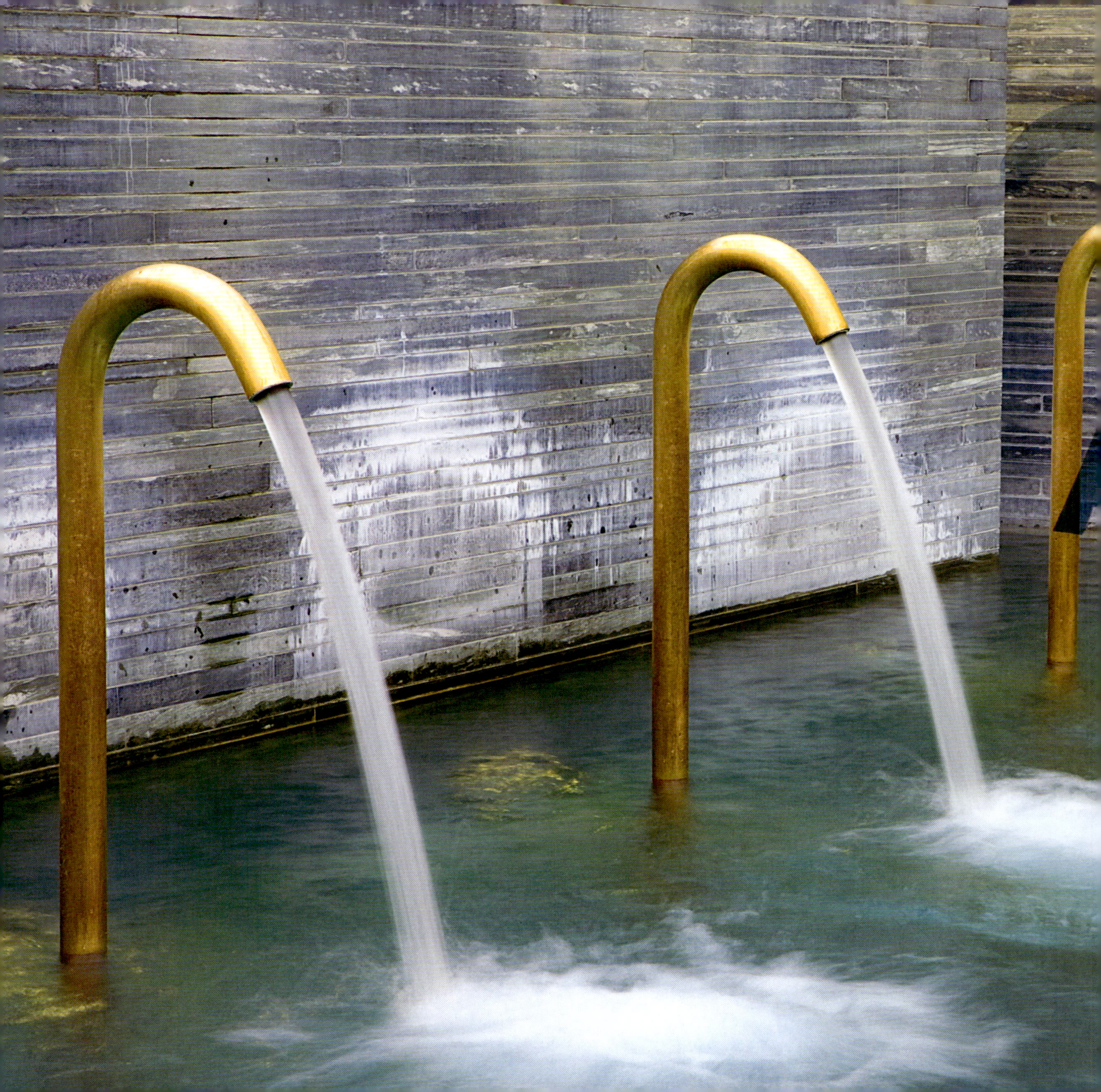

Wasseranwendung

Bad Oeynhausen

Herz
Nerven
Rheuma
Gelenke
Frauenleiden

Pauschal- und Vergünstigungskuren

WEITERE HYDROTHERAPIEN

Schon die alten Griechen …
Im antiken Griechenland lebte der Arzt Hippokrates etwa um 460 v. Chr. und gilt als Begründer der hippokratischen Medizin. Diese besagt, dass Prophylaxe und Therapie mit Wasser als Hauptaugenmerk für die Gesunderhaltung des Körpers gelten, es wurde ausdrücklich Abstand von kultischen Waschungen genommen.

Schon die alten Römer …
In der Römerzeit wurde das Thermalbaden eine vielseits beliebte Freizeitbeschäftigung, sei es zum Vergnügen, zur Reinigung oder zur Heilung. Der Besuch galt auch der Entspannung und dem Knüpfen von sozialen Kontakten. In historischen Schriften ist belegt, dass der Badekult in Rom so stark ausgeprägt war, dass die verschiedensten kaiserlichen Thermen zahlreiche öffentliche Badehäuser über elf Aquädukte sowie über 1.000 Brunnen versorgt werden mussten. Die römischen Badehäuser waren klar strukturiert sowie auch der Ablauf: Die Besucher mussten zuerst Kleidung ablegen und dann mit entsprechenden Badeutensilien auf Holzschuhen zum Reinigen in den Kaltbaderaum, dem »Frigidarium« gehen. Anschließend ging es in den Warmbaderaum, dem »Tepidarium«. Bei Raumtemperatur zwischen 20 und 25 °C wurden Massagen und Waschungen angeboten. Im Anschluss daran ging es in das trocken-warme »Laconicum« oder in das feucht-heiße »Sudatorium«. Danach war das Warmbad »Caldarium« mit einer Temperatur von etwa 50 °C in einem Gemeinschaftsbecken dran. Dieser Raum war mit Fußbodenheizung ausgestattet – in den Schriften heißt es, dass die Besucher ihre Holzschuhe oder Sandalen anziehen mussten, weil der Boden so heiß war. Den Abschluss einer römischen Badezeremonie bildete der Kaltbaderaum. Hier galt es, den Kreislauf wieder in Schwung zu bringen und nach dem heißen Bad wieder abzukühlen.

Der Untergang des römischen Reiches war auch der Untergang der hoch angesehen Badekultur. Erst in der Renaissance entdeckten Humanisten wie Paracelsus die Badekultur bzw. die Hydrotherapie erneut. Er entwickelte diese weiter, und dadurch lebte auch die Badekultur wieder auf.

HYDROTHERAPIE IN DEUTSCHLAND

Der Begründer der Hydrotherapie in Deutschland war Johann Gottfried von Hahn (geb. 1694). Er war Doktor der Philosophie und Medizin. 1745 wurde er durch Friedrich den Großen zum Dekan des Ärzte- und Sanitätskollegiums zu Breslau ernannt. Sein Vater sowie auch sein Halbbruder, Johann Siegmund Hahn, waren ebenso Mitbegründer der Hydrotherapie in Deutschland.

Die Hydrotherapie wird vor allem in entsprechend ausgewiesenen Orten angeboten, die sich ein Prädikat für die Einrichtungen ihrer Kurmaßnahmen erworben haben. Nur diese Orte dürfen den Beinamen »Bad« führen. Im speziellen werden diese Kurorte bzw. Kurbäder nach der Art ihrer Anwendungen aufgeteilt:

- *Kneippheilbad (Verfahren nach Sebastian Kneipp)*

- *Mineralheilbad (Nutzung von Mineralvorkommen)*

- *Moorheilbad (Zubereitung von Moorbädern unter Nutzung von Torf)*

- *Seeheilbad (Nutzung des Seeklimas)*

- *Soleheilbad (Nutzung von Sole)*

Temperaturreize von unterschiedlich temperiertem Wasser wird als Behandlungsmethode für die Gusstherapie verwendet. »Soviel Wärme wie nötig, soviel Kälte wie möglich« – dieser Leitsatz bestimmt das Verfahren, um den Wärmehaushalt des Körpers wieder in das Gleichgewicht zu bringen, indem das vegetative Nervensystem angesprochen wird. Besonders in der Kneipp-Therapie findet dieses Verfahren vielfach Anwendung und wird nach drei Kriterien unterschieden: 1. Nach Art der Durchführung 2. je nach behandelter Körperregion und 3. je nach Wassertemperatur. Die Güsse können als Flach-, Druck- oder als Blitzstrahlgüsse durchgeführt werden.

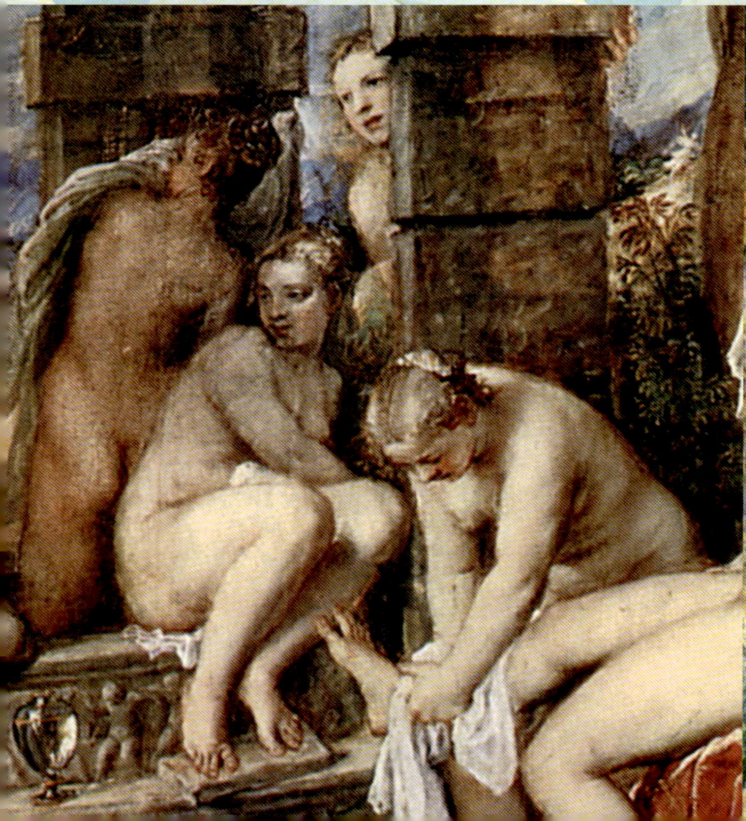
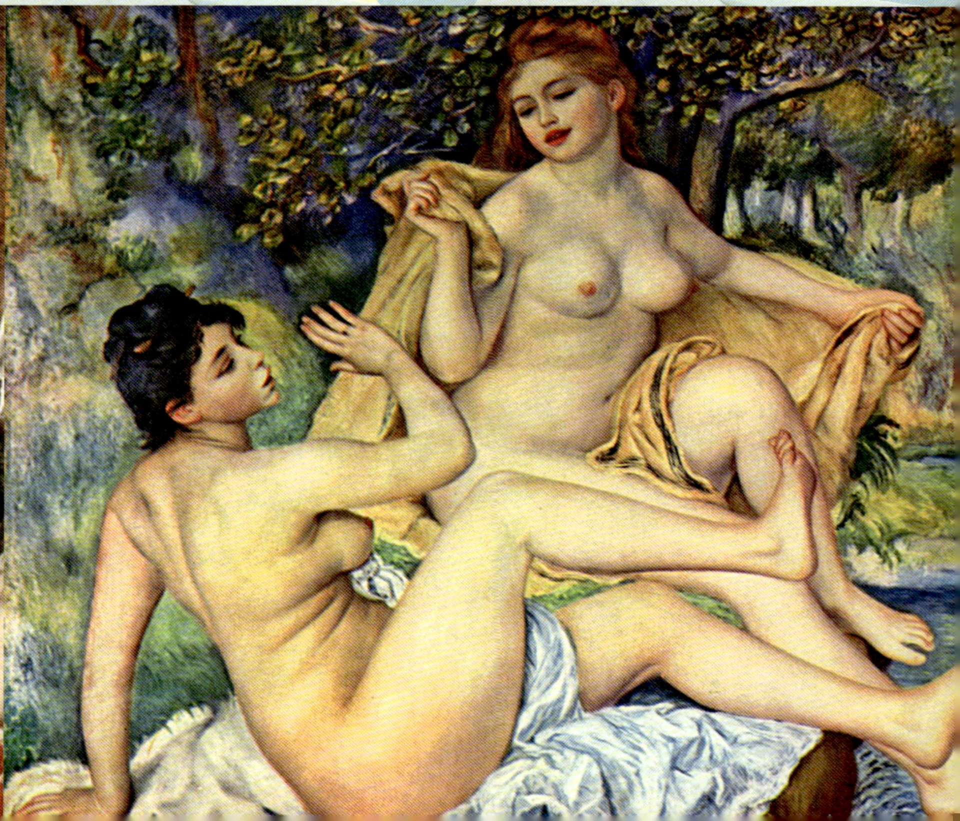

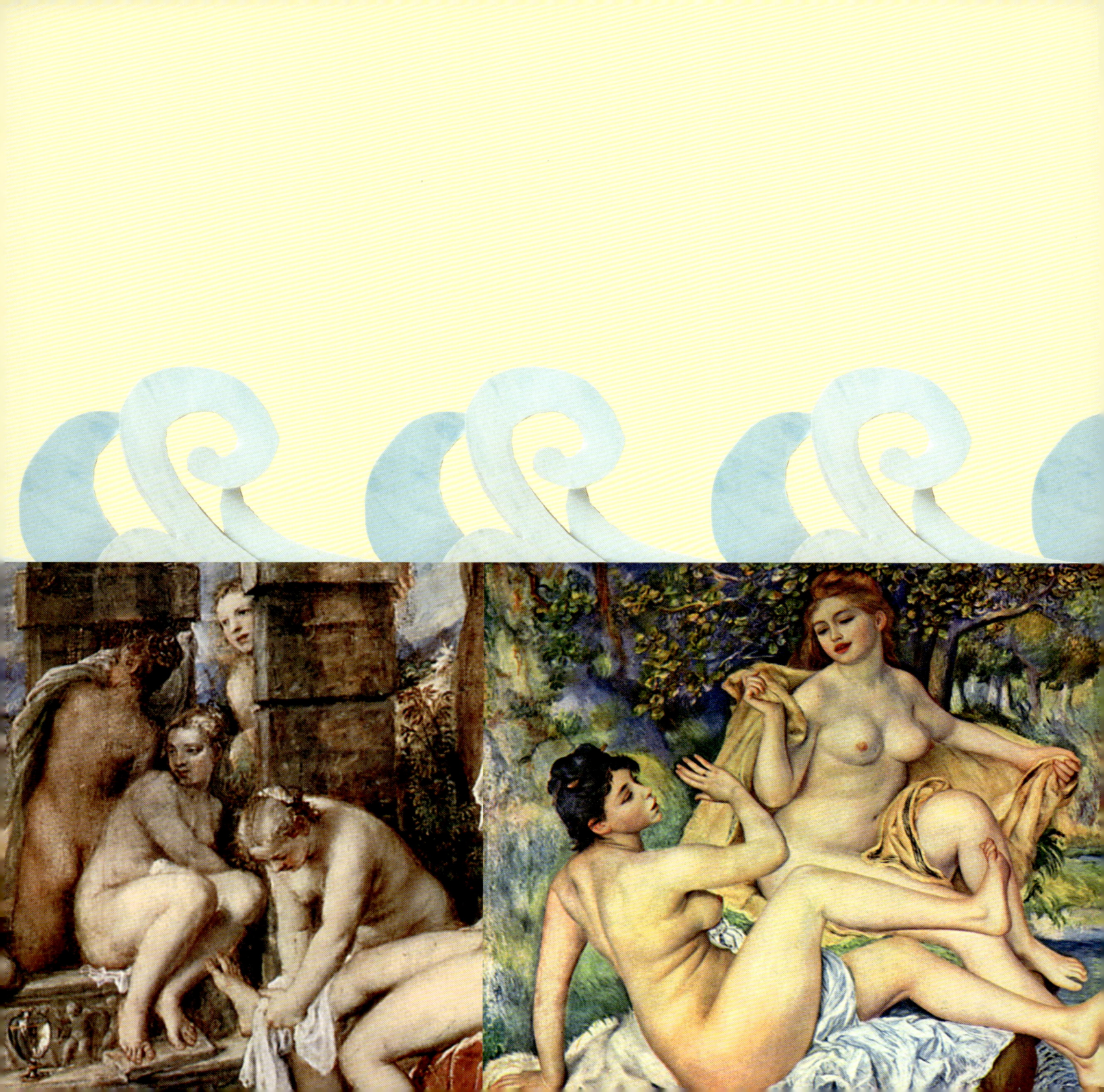

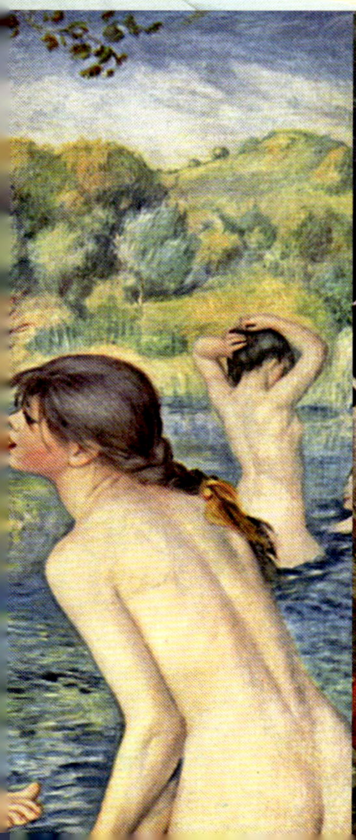
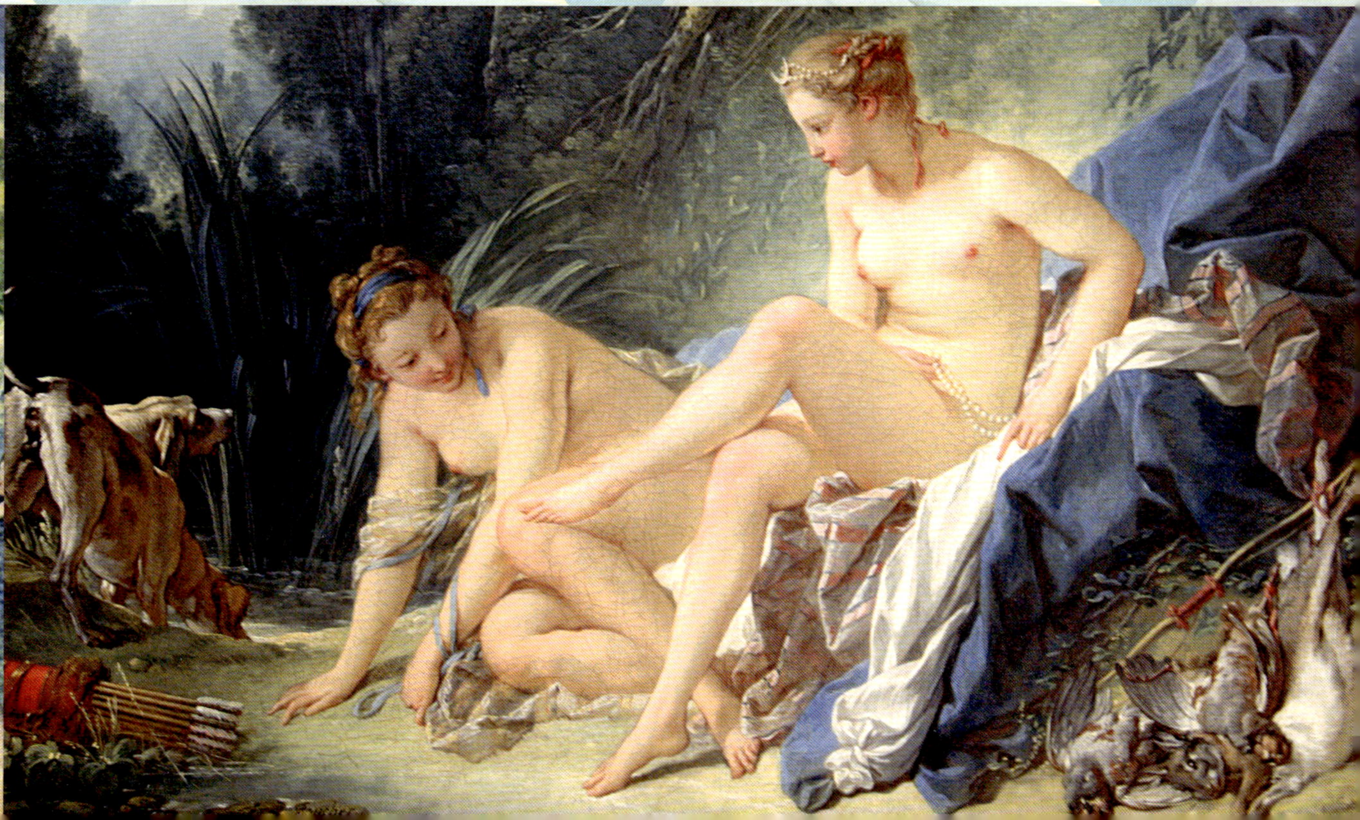

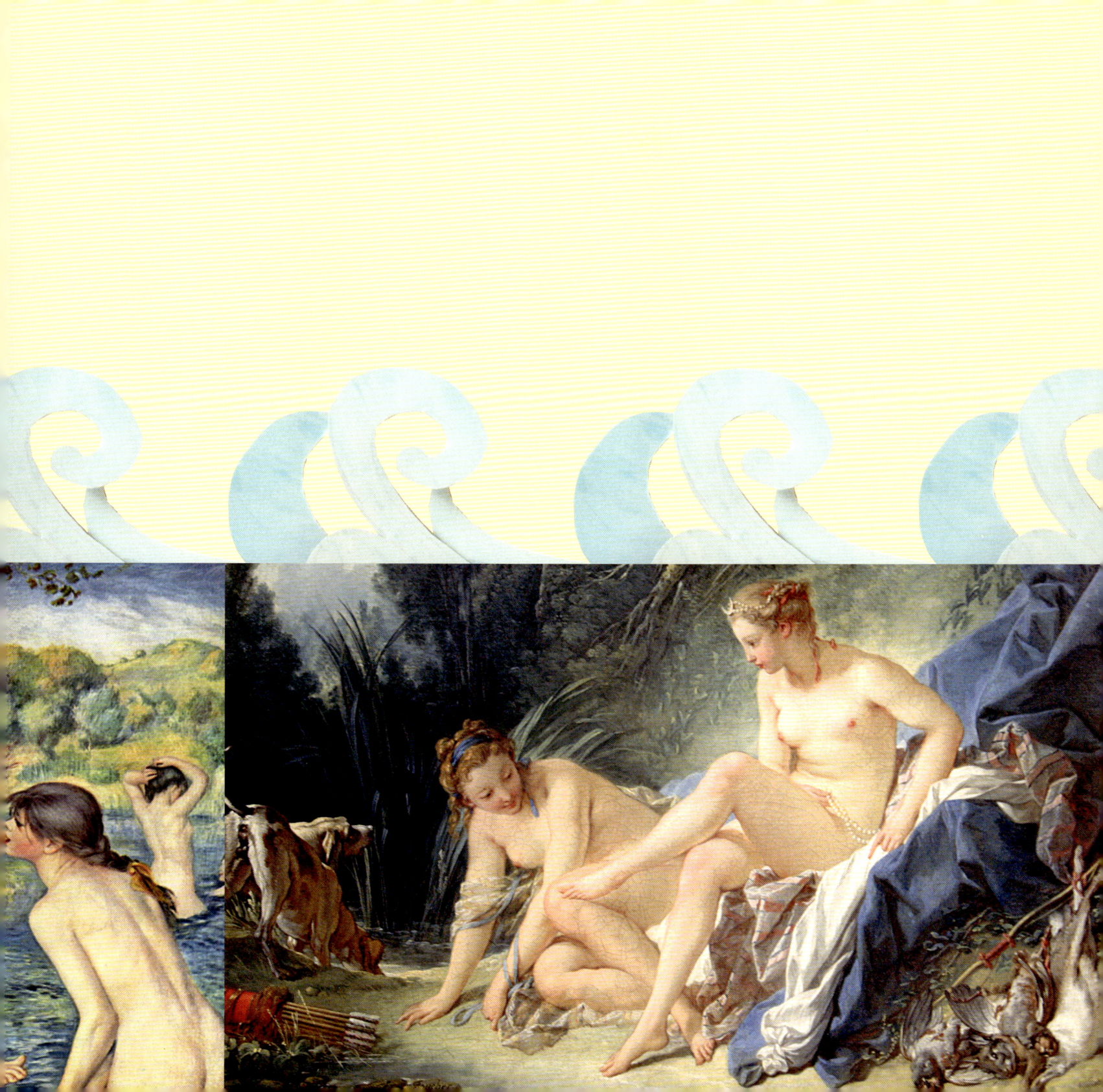

WASSERRITUALE

> »Am Anfang schuf Gott Himmel und Erde. Und die Erde war wüst und leer, und es war finster auf der Tiefe; und der Geist Gottes schwebte auf dem Wasser.«
>
> (1. BUCH MOSE)

Das Leben entstand aus dem Wasser. Es birgt alles in sich. Es macht alles möglich. Für alle Lebewesen hat das Element Wasser die größte Bedeutungsvielfalt. Als Symbol für Reinigung, Erneuerung, Erfrischung und Kraft. Die Quelle des Lebens ist das Wasser der Erde. Und wiederum wird das Wasser der Erde zum Wasser des Himmels – und umgekehrt. Das Wasser hat in allen Religionen eine tiefgreifende symbolische Bedeutung, es gilt als reinigendes Element, im Sinne eines erneuernden, verwandelnden Mediums.

♪ Wasser erfrischt uns, belebt unsre Sinne, gibt Leben dem Körper, schenkt ihm neue Kraft. Das Zeichen der Taufe erneuert die Seele. Das Zeichen der Taufe schließt den Himmel uns auf.

♪ Wasser, es reinigt, wäscht ab, was uns störte; lässt uns neu erleben. Das Zeichen der Taufe das reinigt das Innre. Das Zeichen der Taufe schließt den Himmel uns auf.

♪ Wasser vernichtet, bringt auch mal Verderben. Drum soll nun vergehen, was uns von Gott trennt. Das Zeichen der Taufe lässt das Böse verschwinden. Das Zeichen der Taufe schließt den Himmel uns auf.

(KINDERLIED)

»Wo eine Quelle entspringt oder ein Wasser fließt, dort sollen wir Altäre errichten und Opfer darbringen.«

(LUCIUS ANNAEUS SENECA, RÖMISCHER STAATSMANN, NATURFORSCHER UND PHILOSOPH)

RITUALE MIT WASSER

Auf der ganzen Welt, in allen Religionen, in jeder Kultur ist Wasser das Symbol des Lebens. Es garantiert das Überleben und steht auch symbolisch für das geistige Leben. In vielen Religionen werden Flüsse und Quellen als heilige Orte angesehen. Wiederum in vielen Kulturen stehen Wasser und Mond im Gleichklang. Im indischen »Bhavishyotara-purana« wird Wasser als der Ursprung der ganzen Existenz beschrieben. In der babylonischen Mythologie des »Enuma Elisch« ging die Erde »aus dem Wasserchaos« hervor. Andere Mythen und Erzählungen besagen, dass die Menschen generell oder bestimmte Völker aus dem Wasser entstanden sind. So ist zum Beispiel »Das Meer der Kinder« (segara anakhan) an der Südküste Javas beheimatet.

In jeder Kultur sind Wasser-Rituale heimisch: Es wird sogar von heiligen Gewässern gesprochen, sei es der Ganges in Indien oder der Jordan, ein heiliger Fluss, in denen nach ritueller Art getauft wird. In der Bibel steht auch zu lesen, dass der Euphrat ein heiliger Fluss war. In Offenbarung 9,14 heißt es, dass vier Engel an den großen Wasserstrom Euphrat gebunden seien.

Ein rituelles Bad im Fluss leitet auch die Pubertäts- und Initiationsriten der ghanaischen Krobo, die Dipo, ein. Oft wird die reinigende Kraft des Wassers beschworen, wie z. B. im Islam in Form der rituellen Gebetswaschung vor dem Betreten der Moschee oder im Hindu-Glauben beim rituellen Bad im Ganges.

Jede Kultur und jede Religion hat ihre Riten mit Wasser zelebriert und nach Tradition den nachfolgenden Generationen weitergegeben. Bei den Germanen galten Quellen als heilige Orte, und im Zuge der Christianisierung wurden viele Denkmäler oder Wallfahrtskirchen auf diesen heiligen Quellen gebaut. An den heiligen Quellen lebten oft Seherinnen, die von den Germanen – oder gar von den Römern, wie im Fall der berühmten Veleda um 70 n. Chr. – als Orakel befragt wurden. Diese heiligen Frauen betrachteten die wirbelnden Flüsse, lauschten dessen Murmeln und gaben Prophezeiungen von sich. Legenden berichten oftmals auch von Krankenheilungen durch Quellwasser, ob in Lourdes oder in Süderbrarup in Schleswig-Holstein.

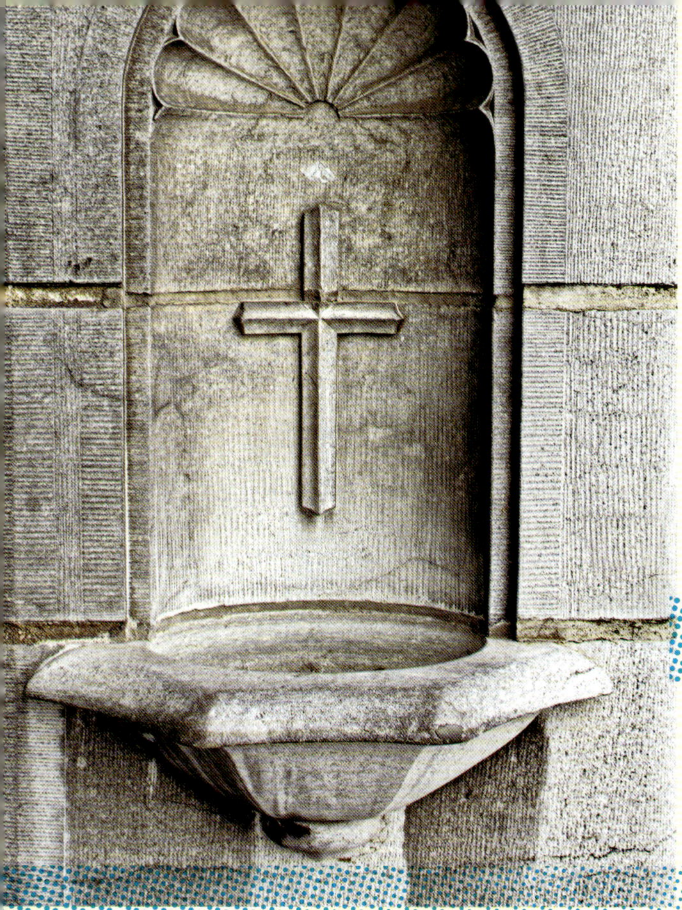
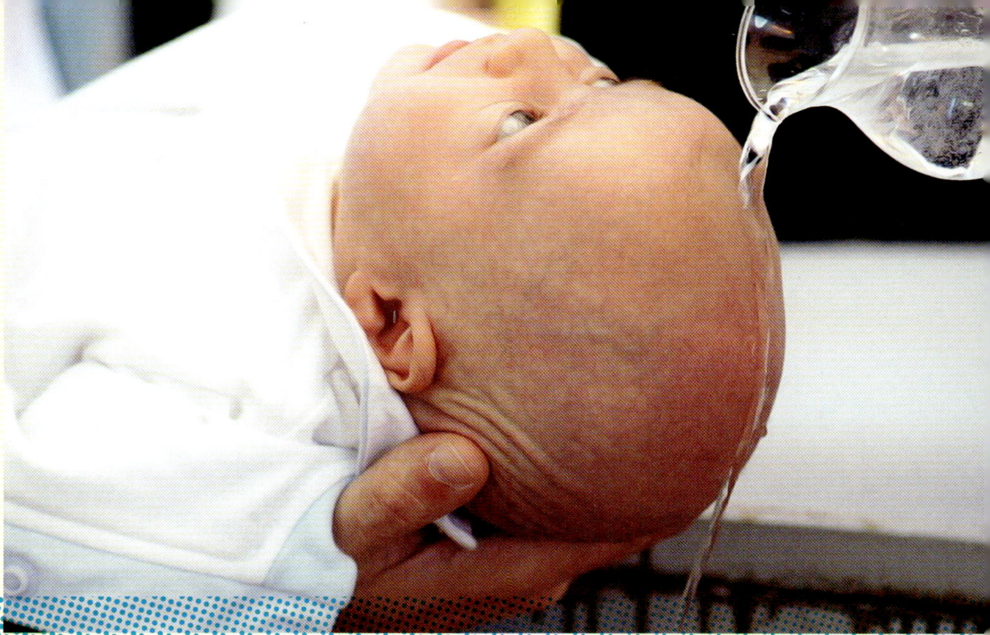
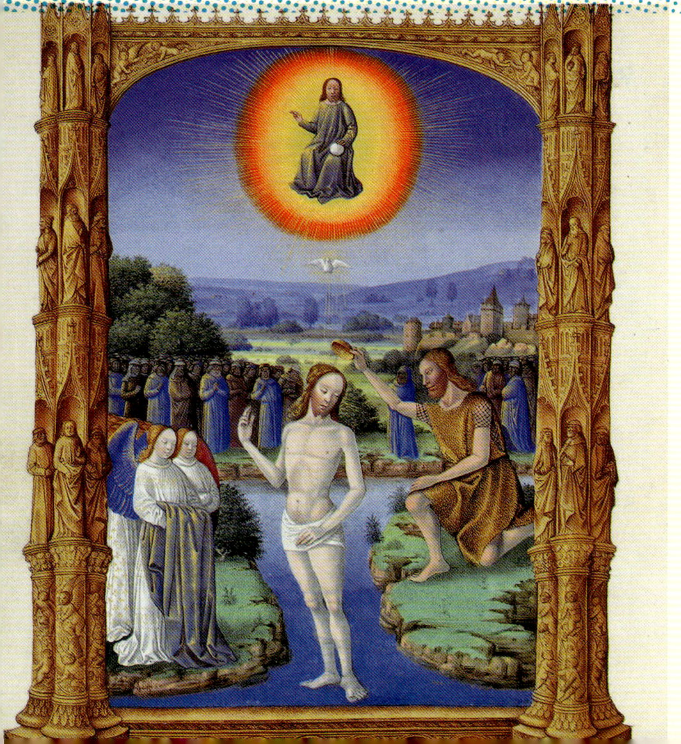
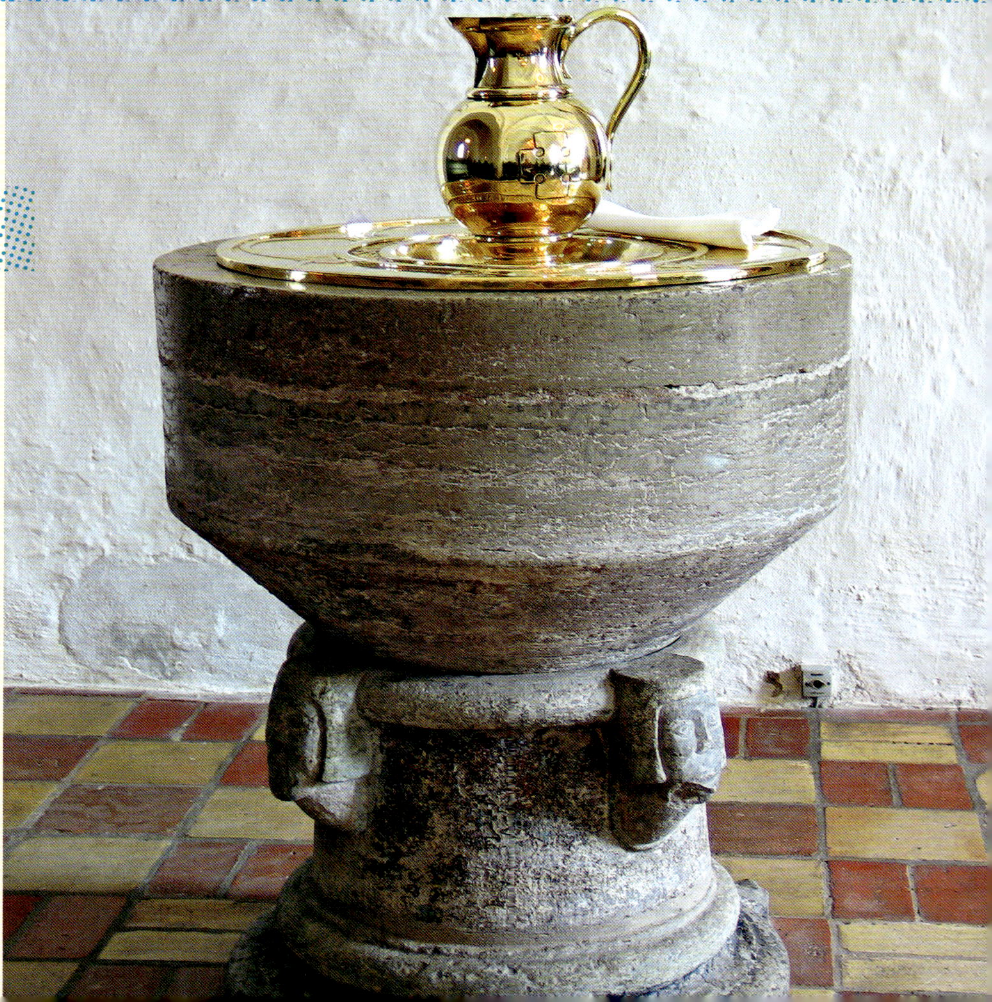

DAS TAUFEN MIT WASSER ALS SYMBOL FÜR REINHEIT

Der Täufer Johannes gießt den Menschen Wasser über, um sie damit symbolisch von ihren Sünden zu reinigen. »Ich taufe Euch nur mit Wasser«, sagt Apostel Johannes, stellte sich in den Fluss Jordan und übergießt die Menschen mit Wasser. Er will ihnen die Bitterkeit nehmen und ihnen bei der Vergangenheitsbewältigung helfen. Es ist eine Reinigung zur Selbsterkenntnis. Die Taufe des Johannes ist die Reinigung von Ungerechtigkeit, aber es ist auch die Vorbereitung für das Neue.

Die christliche Taufe

Noch bis ins späte Mittelalter wurde die christliche Taufe durch Untertauchen oder als Ganzkörpertaufe vollzogen. Heutzutage wird Wasser auf den Kopf über dem Taufbecken geträufelt oder der Täufling wird besprengt. Symbolisch steht Wasser beim Untertauchen für Sterben und beim Auftauchen, Auferstehen für Ankommen im neuen Leben. Die Taufe ist die Aufnahme in die Kirche. Sowohl in der katholischen wie auch in der orthodoxen Kirche spielt auch das Weihwasser eine bedeutende Rolle. Das reinigende Wasser bedeutet die immer währende Erneuerung des Lebens, aber auch das Akzeptieren des Todes.

Das griechische Wort »baptizein« heißt übersetzt im Englischen »to baptise«, was im ursprünglichen ein- oder untertauchen bedeutet. »Johann Baptist« – Johannes der Täufer hat die prophetische Berufung, die Menschen auf den richtigen Pfad der Tugend zu leiten, d.h. zur Abkehr von ihrer Selbstgerechtigkeit, von Ausbeutung und Erniedrigung aufzurufen. »*Ich taufe Dich im Namen Jesus von Nazareth.*« Dreimal wird der Täufling mit Wasser begossen, um die drei Tage Christi im Grab zu versinnbildlichen. Das Wort »taufen« bedeutet heutzutage »nennen«: »*Ich nenne Dich [Name] und nehme Dich in die Gemeinschaft der Christen auf.*« Taufe ist ein Sakrament und der Inbegriff der christlichen Tradition.

In der lateinischen Kirche spricht der Taufspender bei diesem dreimaligen Übergießen die Worte: »*[Name], ich taufe Dich im Namen des Vaters und des Sohnes und des Heiligen Geistes.*« Im ostkirchlichen Ritus wendet sich der Katechumene nach Osten und der Priester spricht: »*Der Diener Gottes [Name] wird getauft im Namen des Vaters und des Sohnes und des Heiligen Geistes*«. Und jedes Mal, wenn er eine Person der heiligsten Dreifaltigkeit nennt, taucht er den Täufling ins Wasser und hebt ihn wieder heraus.

GESEGNETES WASSER

In der katholischen sowie auch in der orthodoxen Kirche wird Wasser vom Priester mit einem Gebet gesegnet. »Aqua Santa« – geheiligtes Wasser ist ein Zeichen für Segnung und Reinigung. Das Weihwasser steht als Symbol für Reinigung und Leben. Das Segensgebet soll an den Auszug aus Ägypten, den »Exodus« und an Jesus Christus, der bei seiner Taufe im Jordan das Wasser heiligte, erinnern. Der Ursprung im Brauchtum des Weihwassers liegt in der antiken Lustration und dient zur Befreiung von negativen (dämonischen) Mächten. Gläubige bekreuzigen sich mit Weihwasser, Täuflinge werden mit geweihtem Wasser übergossen, um damit zu Kindern Gottes zu werden.

REINIGUNG MIT WASSER

Zum Besprengen mit Weihwasser wird ein Sprengel »Aspergill« verwendet. Das Wort stammt aus dem lateinischen »aspergillum, aspergere«, was übersetzt »bespritzen« bedeutet. Umgangssprachlich spricht man vom Weihwasserwedel oder Sprengwedel. Dieser besteht aus einer hohlen Kugel mit kleinen, eingestanzten Löchern, in der sich mittig ein Schwamm befindet. Ältere Exemplare bestehen aus einem pinselartigen Tierhaarwedel mit einem metallenen oder silbernen Griff.

DIE SYMBOLHAFTIGKEIT

In katholischen und orthodoxen Kirchen wird das Weihwasser auch zum Segnen von Gebäuden und Gebrauchsgegenständen verwendet. Die Gläubigen bekreuzigen sich mit benetzten Weihwasserfingern, gemäß der Taufformel nach Matthias, 23,19: »Im Namen des Vaters, des Sohnes und des Heiligen Geistes«. Das Weihwasserbecken ist am Eingang der Kirche. Es zeigt symbolisch die Grenze zwischen Alltag und Heiligtum an.

»Weil dieses Wasser dort hinkommt, werden die Fluten gesund; wohin der Fluss kommt, dort bleibt alles Leben.«

(EZECHIEL 47,9)

»Die Anstrengung, sich mit geweihtem Wasser zu besprengen, ist an sich nicht so schwierig, als in seinem Innern rein und keusch zu sein, sich freizumachen von jedem schmutzigen Gedanken oder jeder unredlichen Handlung.«

(LAURENCE STERNE)

BADEN ALS REINIGUNG – BAD IM GANGES

Der Hinduismus ist eine Religion, die zwar ihre Wurzeln in Indien hat, aber für eine Glaubensgemeinschaft im südasiatischen Raum gilt. Das Wort »Hindus« stammt vom großen Fluss Indus ab, der dem Land Indien und der Religion seinen Namen gab.

Heiliger Fluss

Strenggläubige Hindus sehen ihre Erfüllung darin, im Fluss Ganges zu baden, dort auch zu sterben und verbrannt zu werden. Der Ort Varanasi am Fluss gilt als die Stadt des Gottes »Shiva«, Vishwanat, »Oberster Herr der Welt«. An den kilometerlangen Uferbefestigungen baden die Hindus, mit einigem Abstand werden dort auch die Leichen verbrannt und die Asche in das Wasser gestreut. Das Bad im Ganges »soll Sünden reinigen«, das Sterben und die Verbrennung vor einer Wiedergeburt schützen.

Am Fluss Ganges liegen die wichtigsten hinduistischen Pilgerstätten wie Benares, Gantori, Haridwar und Allahabad. Im Glauben der Hindus sind die Verknüpfungen der Flüsse als Symbol der Vereinigung heilig.

So werden z.B. in Allahabad im nördlichen Bundesstaat Uttar Pradesh zum Höhepunkt des 45 Tage währenden Sonnwendfestes an den wichtigen Badetagen Millionen von Pilgern erwartet. Mit der rituellen Waschung versuchen die Gläubigen, den Zyklus der ewigen Wiedergeburt durchbrechen zu können.

Oder Haridwar, auch im Norden von Uttar Pradesh, gilt als ein besonders heiliger Ort, weil hier der aus dem Himalaya strömende Ganges in das Flachland mündet. Genau an dem Punkt, an dem der Fluss die Berge verlässt, liegt ein »Ghat«, eine Uferbefestigung mit Steinstufen, in den Augen der gläubigen Hindus ein besonders geeigneter Platz, schlechtes Karma abzuwaschen.

Zitat aus dem Satapatha-Brahmana X:
(Brahmanas gehören zu den ältesten Schriften der Hindutradition)

»Die Welt war anfangs Wasser, eine wogende Flut. Es wünschte sich fortzupflanzen, kasteite sich und tat Buße. Als es Buße tat, entstand ein goldenes Ei, das Weltei. Es gab damals noch kein ›Jahr‹. Das goldene Ei schwamm so lange umher, als die Zeit eines Jahres beträgt. Daraus entstand in einem Jahr ein Mann, der Prajapati. Darum gebiert innerhalb eines Jahres eine Frau oder Kuh oder Stute; denn innerhalb eines Jahres entstand Prajapati. Er durchbrach das goldene Ei, fand aber keinen Halt. Da trug ihn, umher schwimmend, für die Dauer eines Jahres das goldene Ei.

Nach Jahresfrist wünschte er zu sprechen. Er sagte bhur, da entstand die Erde; er sagte bhuvar, da entstand der Luftraum; er sagte suvar, da entstand der Himmel. Darum wünscht ein Kind nach Jahresfrist zu sprechen; denn nach Jahresfrist sprach Prajapati.«

(H.F. FRANZ, DAS ALTE INDIEN, S. 268)

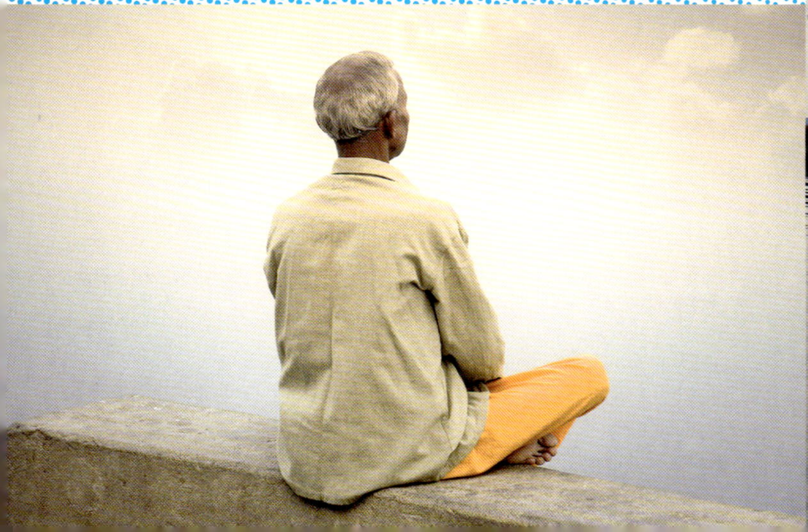

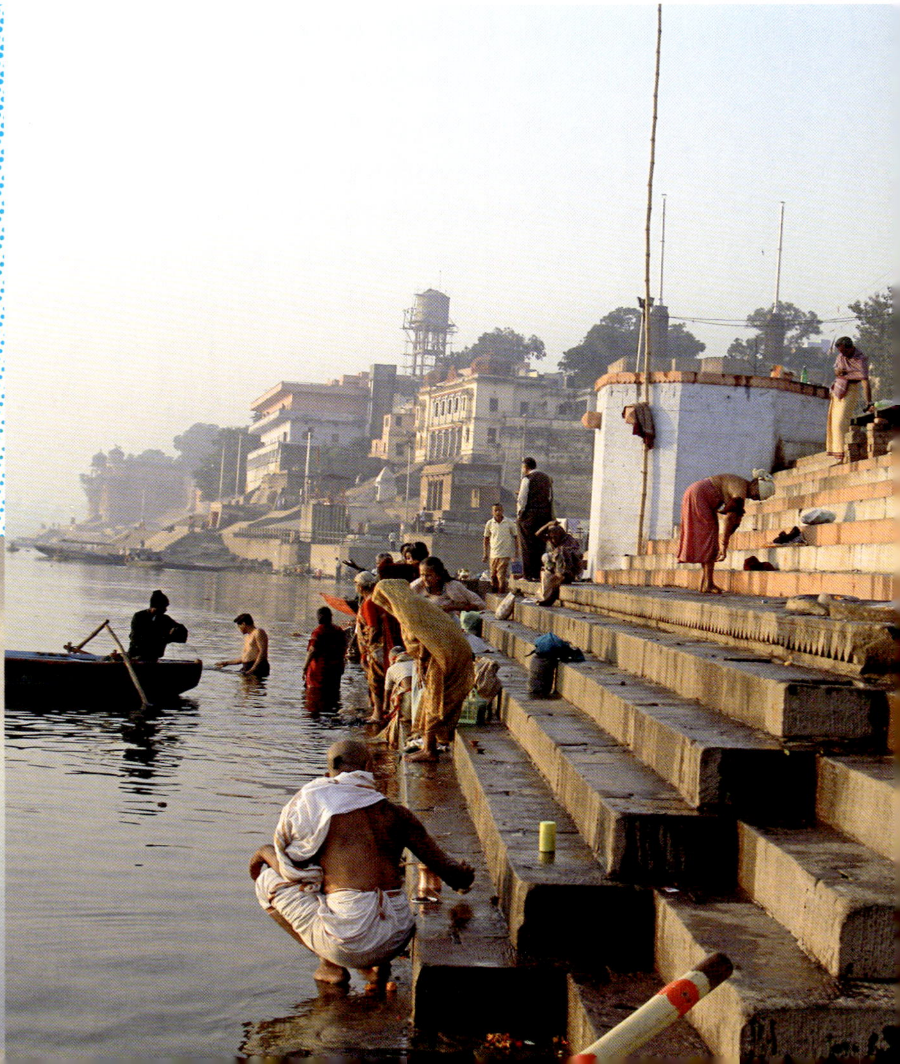

In allen Weltreligionen wird Wasser zur symbolischen Reinheit verwendet. Es dient zur Vorbereitung auf etwas Besonderes, etwas Großes.

RITUELLE WASCHUNG BEI MOSLEMS

Durch die Waschung »wudhu« wird die rituelle Reinheit vor dem Gebet hergestellt. »Wudhu« aus dem Arabischen übersetzt, heißt Waschung und ist vor dem Berühren des Korans obligatorisch. Dazu wird reines Wasser verwendet. Der Gläubige gibt sich der Absicht »nijia«, dem bewussten Waschen, hin. Der Eingangssatz zur folgenden Reihenfolge, wie zu Waschen ist, heißt »Bismillahi-r-rahmani-r-rahim«.

- *die Hände bis einschließlich der Handgelenke (3 Mal),*
- *man spült den Mund aus (3 Mal),*
- *man reinigt die Nase durch Inhalieren und Ausblasen von Wasser (3 Mal),*
- *man wäscht das Gesicht einschließlich Stirn und Kinn (3 Mal),*
- *man wäscht den rechten und danach den linken Unterarm von Ellbogen bis Handgelenk (je 3 Mal),*
- *man fährt mit nassen Händen über das Kopfhaar,*
- *man befeuchtet die Ohren mit den Händen,*
- *man wäscht den rechten und danach den linken Fuß einschließlich der Knöchel (je 3 Mal).*

Nach einer großen Verunreinigung (im sexuellen Bereich) wird zur Herstellung der rituellen Reinheit ein Duschbad (ghusl) genommen. Dabei sind zuerst die verschmutzten Körperteile gründlich zu säubern. Dann verrichtet man wudhu wie oben. Anschließend streicht man mit nassen Händen und geöffneten Fingern durch die Kopfhaare über die Kopfhaut. Schließlich gießt man Wasser über den Kopf und den gesamten Körper (3 Mal), zuerst über die rechte, dann die linke Körperhälfte. Hierbei darf keine Körperstelle trocken bleiben. Sollte die Gebetszeit knapp oder kein Wasser vorhanden sein, so darf sich ein Muslim im Notfall auch mit reinem Sand oder einem Stein abreiben.

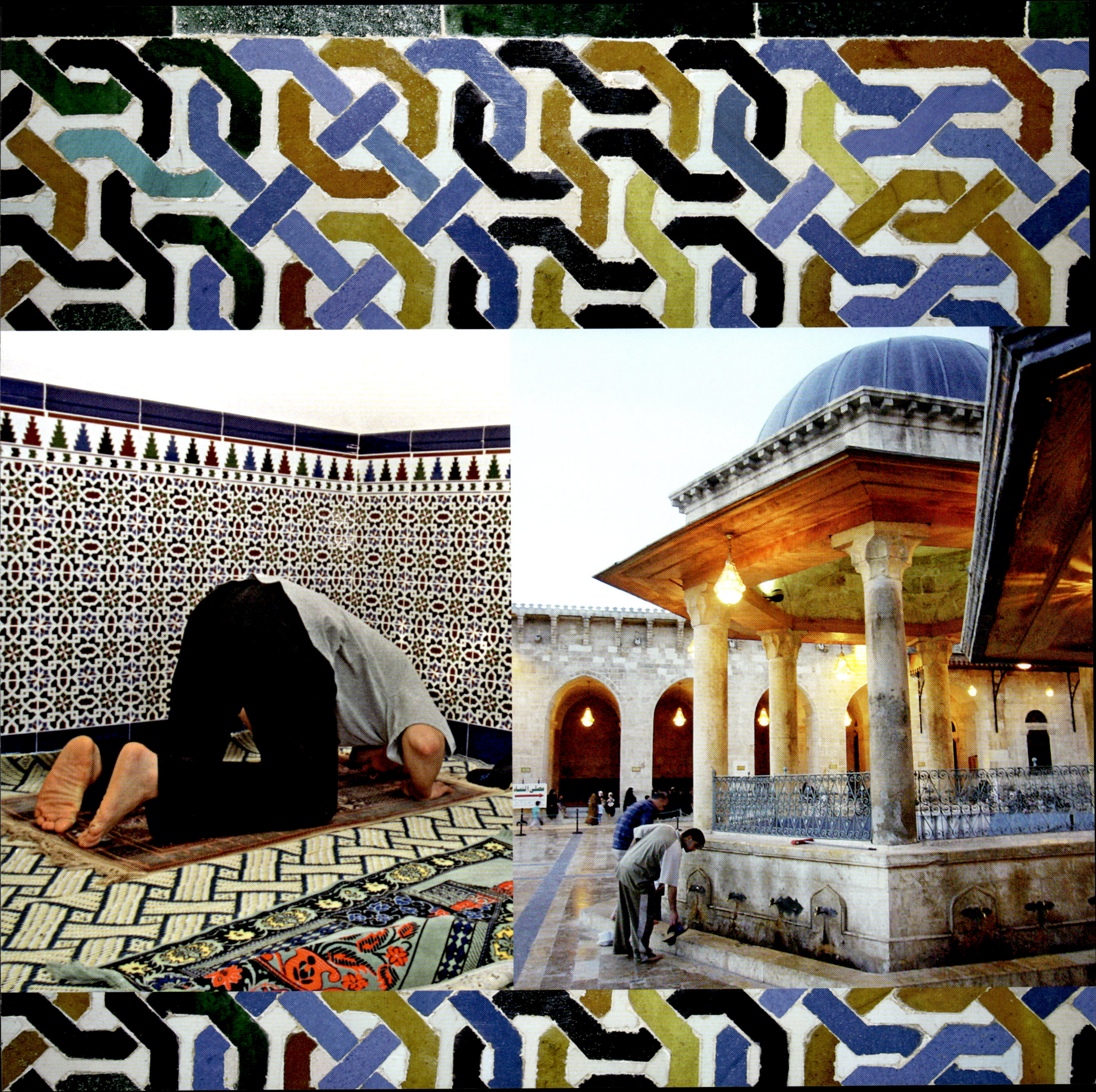

WASSER- UND SEEBESTATTUNGEN

Die Sehnsucht nach dem Meer, ja die Liebe zum Wasser, zur Unendlichkeit, dem Auflösen in der Sphäre, zurück zum Wasser, aus dem wir gekommen sind – es gibt keine erklärbaren oder unerklärbaren Gründe für die individuellen Bestattungswünsche. Oftmals war es ein Muss, gerade in früheren Zeiten, wenn ein Schiff wochenlang auf dem Meer unterwegs war und ein verstorbener Seemann/Matrose, rein aus hygienischen Gründen, dem Wasser übergeben wurde. Heutzutage werden die persönlichen Wünsche respektiert, wenn jemand in seinem Testament verfügt, dass seine Asche in den Fluten des Meeres oder auch in einem ruhigen Gewässer versinken oder treiben soll.

In Deutschland gibt es seit 1934 ein Gesetz, das besagt, dass anstatt der üblichen Beerdigung auf dem Friedhof auch eine Seebestattung möglich ist. Der Auszug aus dem Gesetz besagt, dass hierfür eine »spezielle Seeurne außerhalb der Dreimeilenzone (speziell eingezeichnete Seegebiete in Seekarten) über rauem Grund, nach seemännischen Bräuchen dem Meer übergeben wird«. Die Seeurnen müssen laut dem Deutschen Hydrographischen Institut aus einem entsprechenden Material wie Zellulose, gepresstem Sandstein oder anderem Material beschaffen sein, damit sie sich innerhalb kürzester Zeit im Wasser auflösen können. Bei der Seebestattung spricht der Kapitän die Trauerrede und die genauen Koordinaten der Position werden in das Schiffslogbuch eingetragen. Zudem erhalten die Hinterbliebenen einen Auszug aus dem Logbuch.

Die See

*Wenn mit ihrem Atemzügen
sich die Dünung senkt und hebt,
und die Winde sie durchpflügen,
dann verspürst du, dass sie lebt.*

*Wenn die Stürme Shantys geigen,
Rasmus ausgelassen tollt
Und die Wellen Zähne zeigen,
dann erkennst du, dass sie grollt.*

*Wenn sie wilde Böen hetzen,
leewärts jagend um die Kimm,
taumelnd unter Wolkenfetzen,
dann erlebst du ihren Grimm.*

*Bist du einst an Land gegangen,
auf der Suche nach dem Glück,
zieht ein heimliches Verlangen,
dich stets zu ihr zurück.*

Bernd Hardy

»Ehre sei Gott auf dem Meere …
Er hat das Meer so weit bestellt
als schönsten Teil der großen Welt
tat damit seine Weisheit kund
damit nicht jeder Lumpenhund
mit denen die Erde so reichlich gesegnet
dem ehrlichen Seemann da draußen begegnet
– Ehre sei Gott auf dem Meere.«

(GEBET VON EINEM UNBEKANNTEN FAHRENSMANN)

»Das Meer kennt kein Mitleid, keine Treue, kein Gesetz, kein Gedenken. Es ist, als wäre es für menschliche Tugenden zu mächtig und zu groß.«

(ZITAT AUS »SPIEGEL DER SEE« VON JOSEPH CONRAD)

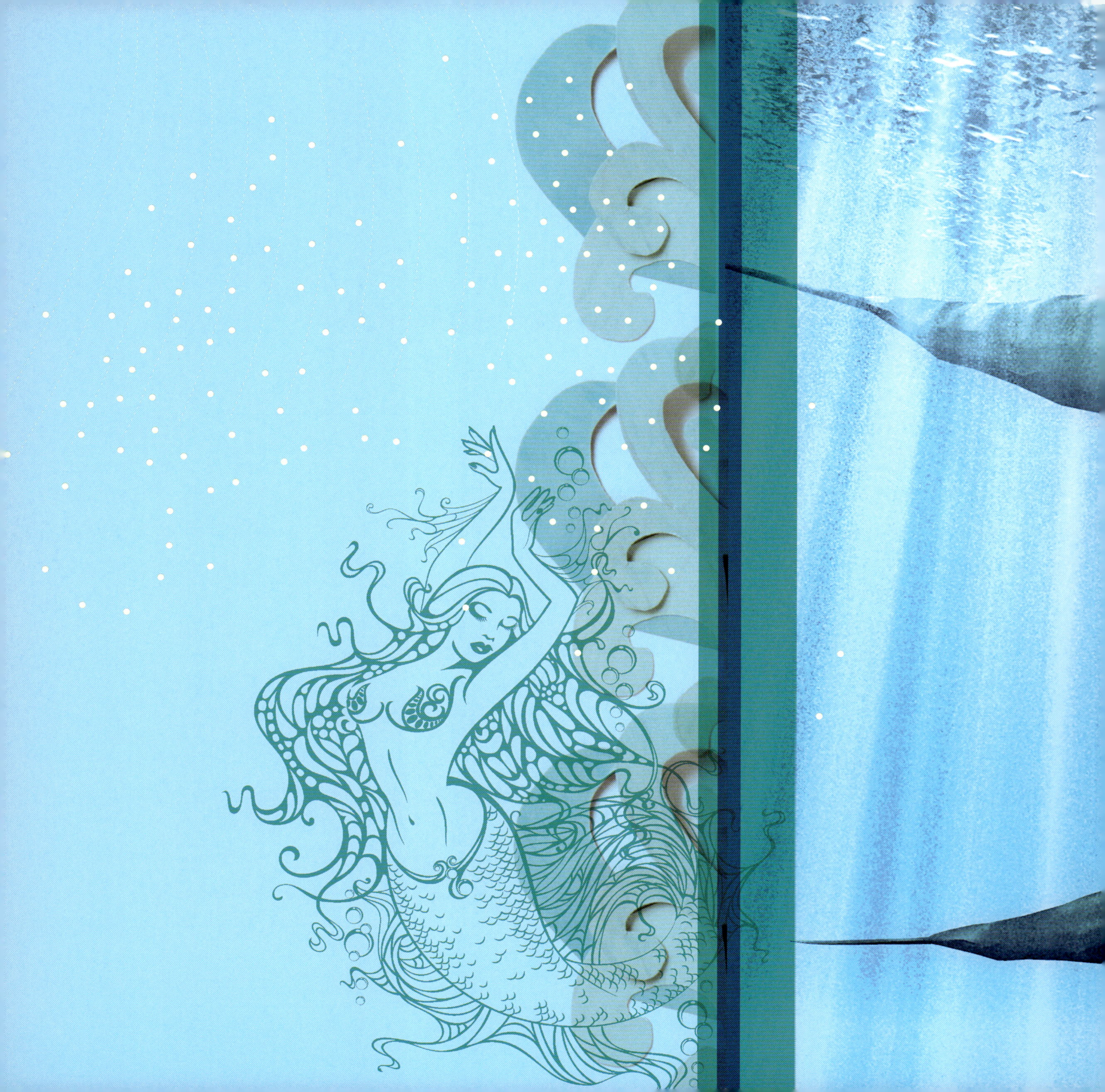

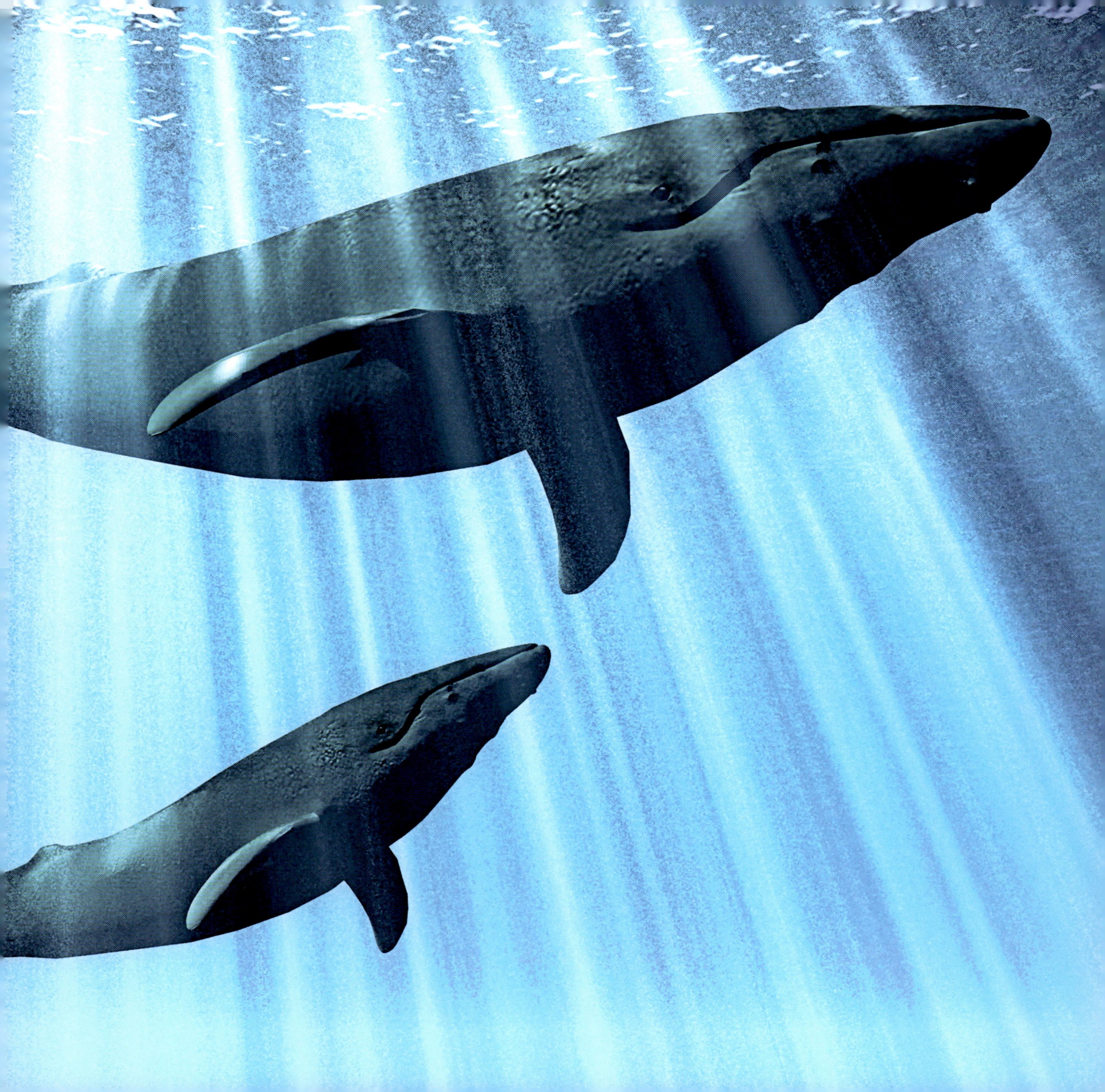

Mythen und Legenden

Um Wasser ranken sich seit Menschengedenken mystische Geschichten, Märchen und Legenden. Zu stark ist die Urkraft des Wassers, zu unüberschaubar, zu weitläufig waren in früherer Zeiten die Vorstellungskräfte jenseits des Landes und die Tiefen der Meere. Stürme, Unwetter und Naturkatastrophen haben das ihrige getan, um bei den Menschen Traum und Wirklichkeit zu verweben. Geschichten und Gerüchte wurden gestreut, die sich bis in unsere heutige Zeit erhalten haben. Vieles kann die heutige Wissenschaft eindeutig erklären, aber manche Mythen und Legenden halten sich so hartnäckig, dass der Glaube daran das Verstehen und die Aufklärung noch immer nicht eingeholt haben. Doch wem tut es weh, weiter an die Geheimnisse der Natur zu glauben oder vielmehr diese Wasser-Geschichten in Form von Märchen und Erzählungen weiter am Leben zu erhalten? Das Leben braucht Märchen, um über die Kraft der Natur bzw. über das Wasser des Lebens zu erzählen.

VON NYMPHEN UND MEERJUNGFRAUEN

Viele Geschichten erzählen von den schlanken weiblichen Wesen mit langem Haar, die immer dem Guten zugeteilt werden. Diese Nymphen sind Naturgeister und gelten als nahezu unsterblich. In der griechischen Mythologie sind Nymphen niedere Göttinnen und werden als personifizierte Naturkräfte dargestellt. Es sind wohltätige »Geister«, sie leben an Orten wie Quellen, Gewässer oder Grotten. Es gibt verschiedene Wassernymphen: Die Najaden, welche über die Quellen, Brunnen, Flüsse, Bäche, Seen und Sümpfe herrschen, dann die Okeaniden, das sind die Herrscherinnen der Weltmeere, außer dem Mittelmeer. Die Nereiden hatten die Alleinherrschaft über das Mittelmeer.

Halb Fisch, halb menschliches Wesen, die untere Körperhälfte mit einem schuppigen Fischschwanz und die obere Körperhälfte einer jungen Frau, so präsentieren sich die Meerjungfrauen. Zu gut für diese Welt, scheint es. Doch in Märchen so dargestellt, dass die reine Liebe eines menschlichen Mannes sie erlösen kann und sie zur menschlichen Frau werden lassen kann. Eine der ältesten Geschichten ist die der Meerjungfrau »Undine«, die bekannteste Geschichte der neueren Zeit dürfte »Arielle« sein. Das Sichten von Meerjungfrauen von Seeleuten sind dem langen Verbleiben auf See und der Sehnsucht nach einem weiblichen Wesen einzuordnen. Mutmaßungen gehen sogar dorthin, dass die Matrosen durchaus was gesehen haben, aber vermutlich eher Seekühe oder andere Tiere.

Die »Wassermutter«, der Oberbegriff für alle Fabelwesen von Nixen und Jungfrauen im Meer, steht für Schutz, Leben und Segen. Als »Wasserbraut« schenkt sie mystisch einem menschlichen Ehemann ihre Liebe.

Die berühmteste Nixe in Deutschland ist die »Loreley«, die auf einem Rheinfelsen bei St. Goarshausen gesessen haben soll. Sie hat ihr goldenes, langes Haar gekämmt und mit ihrer wunderschönen Stimme die Rheinschiffer in den Tod gelockt, da diese völlig fasziniert nicht mehr auf die Felsen geachtet haben. Loreley bekam sogar Beachtung von Heinrich Heine, der 1824 ein Gedicht auf sie schrieb.

> »Ich glaube, die Wellen verschlingen
> Am Ende Schiffer und Kahn;
> Und das hat mit ihrem Singen
> Die Lore-Ley getan.«
>
> (HEINRICH HEINE)

Die Rheintöchter – die Hüter des Schatzes

Richard Wagner machte Nixen aus der Nibelungensage als Rheintöchter berühmt. Im »Ring des Nibelungen« sind sie die Hüterinnen des im Rhein natürlich vorkommenden Goldes. Der hässliche Zwerg Alberich stiehlt das Gold aber dennoch und schmiedet einen Ring daraus, welcher im Laufe der Sage lange braucht, um wieder in den Besitz der Rheintöchter zu gelangen. Erst die gute Brunhilde gibt dem Rhein und somit den Rheintöchtern das Gold wieder zurück.

DER WASSERMANN

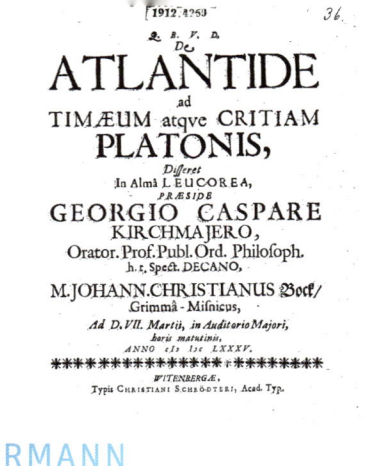

Das männliche Pendant zu Nixen und Meerjungfrauen ist der Wassermann. Dieser ist der Oberbegriff für männliche Wassergeister. Er ist im Vergleich zu den freundlichen Waserfrauen eher böse und launisch. Am bekanntesten ist der Flussmensch, Nix oder Neck, der in Brunnen, Teichen, Quellen, Flüssen oder Seen lebt. Je nach Laune lässt Nix einen Sturm aufkommen, hat er aber gute Laune, dann beschützt er auch die Menschen auf dem Wasser.

DIE SINTFLUT

Forscher haben herausgefunden, dass zu der Zeit, in der das Alte Testament geschrieben wurde, eine gewaltige Naturkatastrophe stattgefunden haben könnte. Spekulationen oder Erklärungen weisen auf Schwemmfluten von Euphrat und Tigris hin. Die Bibel berichtet im Buch Genesis: »Das Ende aller Lebewesen habe ich beschlossen, denn voll Gewalttat ist die Erde wegen der Menschen. Wohl an, ich will sie vertilgen mitsamt der Erde. (Gen 6,13)« Gott forderte Noah auf, eine Arche zu bauen, damit das Leben nach der »Sintflut« weiter bestehen könne. »Ich lasse nämlich eine Wasserflut über die Erde kommen, damit sie unter dem Himmel alle Wesen, in den Lebensodem ist, vertilge. (Gen 6,17)«
Ein durchaus schlüssiger Erklärungsversuch könnte ein sintflutartiger Tsunami sein, der durch den Einschlag eines Asteroiden oder eines Meteors hervorgerufen sein könnte. Tatsache ist, dass die »Sintflut« zu den ältesten Erzählungen der Menschheit gehört.

ATLANTIS – DIE VERSUNKENE STADT

Laut Platon lag die versunkene Stadt bei den »Säulen des Herkules«, die frühere Bezeichnung für die Meerenge von Gibraltar. In seiner »res publica« schwärmte er von dieser sagenumwobenen Stadt. Es gibt keine Beweise für die Existenz von Atlantis, aber es gibt die Vorstellungskraft, die Schwärmerei, die Fantasie – denn in einem sind sich alle einig: Atlantis war perfekt, es war das Paradies auf Erden. Gott Poseidon, der Herr der Meere, soll sie höchstpersönlich gegründet haben als ein Vorbild für das perfekte Reich. Mystik umrankt Atlantis, auch heute noch wird das Thema immer wieder aufgegriffen, ob in Filmen oder in Büchern. Vor etwa 11.000 Jahren soll dieses »Stadtreich« innerhalb weniger Stunden verschwunden worden sein. Auch hier reichen die Spekulationen von Vulkanausbrüchen bis zu einem verheerendem Tsunami.

DAS BERMUDA-DREIECK

Geografisch liegt das Bermuda-Dreieck zwischen den Bermudainseln zusammen mit Puerto Rico sowie der Ostküste Floridas. Über 100 Schiffe sowie Flugzeuge und über 1.500 Menschen gelten in diesem Bereich, speziell nach dem 2. Weltkrieg, als vermisst bzw. als verschwunden. In fast jedem Fall sind nach Meinung von Forschern Wetterbedingungen, menschliches Versagen oder Konstruktionsfehler die Gründe für die sogenannten Rätsel des Dreiecks. Doch manche Leute gehen davon aus, das die Ereignisse im Bermuda-Dreieck mit etwas Übernatürlichem oder sogar Außerirdischen in Verbindung stehen. Die Gerüchteküche ist gewaltig: Von

> *»Wenn es Atlantis nicht gegeben hätte, müsste man es erfinden. Wenn es Atlantis gegeben hätte, würde man es dennoch immer wieder erfinden.«*
>
> (UNBEKANNT)

weißen Gewässern, Funkstille und Ausfall von Kompassen und Instrumenten ist die Rede. Zahlreiche Theorien und Auslegungen ranken sich um dieses berüchtigte Dreieck. Aber – der Beweis fehlt, also bleibt der Mythos.

DAS UNGEHEUER VON LOCH NESS

»Nessi« – ein etwa acht bis zehn Meter langes Lebewesen, soll eine Mischung aus einer Seeschlange und einer Echse sein und lebt angeblich im See Loch Ness in Schottland. Dieser See ist 36 Kilometer lang, 1,5 km breit und mit 225 Metern ungewöhnlich tief. Der See ist durch zahlreiche Schwefelpartikel derart trüb, dass bei einem Tauchgang kaum etwas zu erkennen ist. Und doch hält sich seit langer Zeit ein Gerücht um ihre Existenz. Der irische Mönch Columba sah im Jahr 565 dieses »Ungeheuer« zum ersten Mal, und seitdem gab es immer wieder »Sichtungen«, meist sind es Fehlbestimmungen oder Wunschdenken – ist doch der Mythos Loch Ness eine wichtige Touristenattraktion in Schottland! Seit 1934 steht das von Wissenschaftlern getaufte »Nessiteras rhomboteryx« unter Naturschutz. Für »Nessi« bedeutet dies, dass sie nicht gefangen werden darf, sondern ungestört weiter in Loch Ness »andere zum Narren halten darf«.

KRAKEN

Unsere Ozeane messen unendliche Tiefen, kein Mensch kann soweit abtauchen, um die letzten Mysterien auf dem Meeresgrund zu entschlüsseln. Es kann und mag durchaus sein, dass sich Kraken in unvorstellbaren Größen auf dem Meeresboden bewegen, dies hält auch der bekannteste Krakenforscher Clyde Roper für möglich. Das längste jemals an Land geschwemmte Weichtier maß von Kopf bis Tentakel 18 Meter – Forscher meinen, dass es durchaus größere Exemplare geben kann. Auch hier gilt, solange kein erforschtes Wissen tatsächlich vorhanden ist, dürfen wir mit Legenden weiterhin unsere Fantasie schüren.

Wasser-Lexikon

artesische Quelle: Eine Quelle, bei der das Grundwasser infolge Überdrucks eigenständig oberflächennah ausfließt. Wenn das Wasser infolge einer Bohrung dann durch Überdruck an die Oberfläche tritt, spricht man von einem artesischen Brunnen.

Analysenauszug: Von unabhängigen Instituten wird Mineralwasser regelmäßig gemäß den gesetzlichen Richtlinien kontrolliert und analysiert. Die wichtigsten Ergebnisse der Analyse werden als Auszug auf dem Etikett der Flasche abgedruckt. Das Analysedatum liegt häufig länger zurück. Dies bedeutet keineswegs, dass das Mineralwasser in der Zwischenzeit nicht untersucht worden wäre. Es bedeutet lediglich, dass die Untersuchungsergebnisse seither unverändert sind. Die Zusammensetzung der Inhaltsstoffe bleibt in der Regel über viele Jahre konstant. Unabhängige Institute wiederholen die Analyse in gesetzlich festgelegten Abständen mehrmals jährlich. Nur wenn sich die Zusammensetzung des Mineralwassers ändert, wird das aktuelle Analysendatum auf dem Etikett vermerkt.

Brunnen: Eine technische Anlage zur Gewinnung von Wasser bzw. ein Auffangbecken für Wasser.

Dichte: Gibt das spezifische Gewicht eines Stoffes im Verhältnis zum Volumen an. Die Dichte des Wassers weist eine Besonderheit auf, denn sie ist unter Normalbedingungen bei 4°C am höchsten. Diese Besonderheit nennt man Anomalie des Wassers.

enteisent: Aus optischen und/oder geschmacklichen Gründen wird durch Belüftung oder Filtration dem Wasser Eisen entzogen, da der gelöster Eisen durch Kontakt mit Sauerstoff oxidiert und als brauner Niederschlag ausfällt. Dies muss auf dem Etikett erwähnt werden.

entschwefelt: Ein zu hoher Schwefelgehalt würde den Geschmack und Geruch des Wassers beeinträchtigen. Durch natürliche Belüftung kann vor der Abfüllung der Schwefel bei Mineralwasser entfernt werden. Dies muss auf dem Etikett erwähnt werden.

Europäische Mineralwasserrichtlinie: Die EU-Mineralwasser-Richtlinie wurde im Oktober 1996 verabschiedet und legt europaweit einheitlich fest, was ein natürliches Mineralwasser ist und mit welchen Verfahren es behandelt werden darf. Darüber hinaus definiert sie die Art der Abfüllung und die Angaben auf dem Etikett.

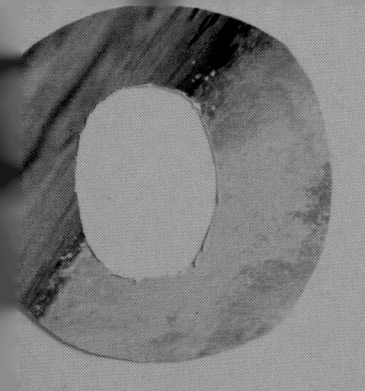

Härtebereich: Die Summe der im Wasser gelösten Erdakalien Magnesium und Calcium im Millimol je Liter bestimmen den Härtebereich des Wassers, insgesamt gibt es drei Bereiche: weich, mittel und hart.

Hydrologie: Die Wissenschaft vom Wasser mit seinen Erscheinungsformen über, auf und unter der Landoberfläche, seinen Eigenschaften und seinen natürlichen Zusammenhängen (Gewässerkunde).

Kohlensäure: Die Kohlensäure darf bei der Mineralwassergewinnung ganz oder teilweise entzogen werden. Sie darf danach beim Abfüllen wieder zugesetzt werden. Die quelleigene Kohlensäure stammt aus dem tiefen Erdinneren. Abkühlendes Magma aus Vulkanmasse setzt Kohlensäure frei, die das natürliche Mineralwasser versetzt. Mineralwässer mit hohem, natürlichem Kohlensäure-Gehalt stammen meist aus Regionen mit reger vulkanischer Tätigkeit in der Vergangenheit. Die Kohlensäure ist geschmacksbestimmend und hat einen konservierenden Nebeneffekt.

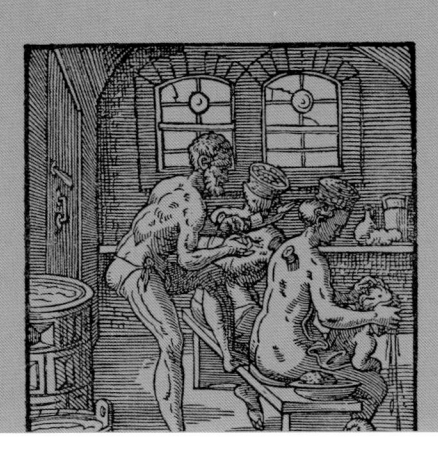

Mineralstoffe: Mineralstoffe sind anorganische Verbindungen, die der Körper für alle Organfunktionen braucht, die er aber nicht selbst herstellen kann. Sie müssen mit der Nahrung und Getränken zugefügt werden.

Natrium: Das chemische Element Natrium (chemisches Zeichen: Na) ist ein sog. Alkalimetall, das in großer Menge in der Natur vorkommt und wasserlöslich ist. Säuglinge und Kleinkinder sollten prinzipiell wenig Natrium bzw. Kochsalz verzehren. Die Funktionsfähigkeit der Nieren ist bei der Geburt noch nicht voll ausgeprägt und muss sich in den ersten Lebensmonaten erst entwickeln. Mineralwässer, die mit dem Hinweis »Geeignet für die Zubereitung von Säuglingsnahrung« versehen sind, halten – neben einer Reihe anderer vorgegebener Werte – einen Natriumgehalt von maximal 20 mg/l ein.

Normbrunnenflasche: Die Normbrunnenflasche für Mineralwasser oder Brunneneinheitsflasche (umgangssprachlich Perlenflasche) ist eine 0,7-Liter-Mehrwegflasche aus Klarglas mit Schraubverschluss für kohlensäurehaltiges Mineralwasser, Limonade und ähnliches, die 1971 in Deutschland eingeführt wurde. Grund war, den Anbietern solcher Getränke bundesweit ein standardisiertes Vertriebssystem zu ermöglichen.

PET-Flaschen: PET-Flaschen sind Behälter aus Polyethylenterephthalat die mittels eines thermischen Verfahrens hergestellt werden. Sie werden seit Mitte der 1990er Jahre unter anderem als Verpackungsmittel in der Getränkeindustrie eingesetzt. Im Bereich der kohlensäurehaltigen Softdrinks und Mineralwasser haben PET-Flaschen in Deutschland während der letzten Jahre die Glasflasche (vor allem die sogenannte Perlenflasche aus Glas) nahezu vollständig verdrängt.

Quellkohlensäure: Vor allem Mineralwässer aus vulkanischem Gestein sind bereits bei der Entnahme aus der Quelle kohlensäurehaltig, somit muss keine Kohlensäure mehr entzogen werden.

Restaurant: Natürliches Mineralwasser – direkt am Quellort in die Flasche gefüllt – muss auch in dieser Flasche dem Gast serviert werden. Nur so ist die ursprüngliche Reinheit bis zum Verzehr garantiert.

Sprudel: Die Bezeichnung Sprudel auf dem Etikett weist darauf hin, dass das Mineralwasser unter natürlichem Kohlensäuredruck aus seiner Quelle entsprudelt ist oder es mit Kohlendioxid versetzt wurde.

Trinkwasseraufbereitung: Dies ist der fachliche Oberbegriff für die Gesamtheit der Maßnahmen zur Verbesserung der Trinkwasserbeschaffenheit. Trinkwasseraufbereitung ist die in verschiedenen Prozessen ablaufende Behandlung des Rohwassers mit physikalischen, chemischen und biologischen Wirkungsmechanismen, um seine Beschaffenheit dem jeweiligen Verwendungszweck anzupassen.

Trinkwasserverordnung: Auf der Grundlage des Bundesseuchengesetzes und des Lebensmittel- und Bedarfsgegenstandegesetzes erlassene Verordnung über Trinkwasser und über Wasser für Lebensmittelbetriebe (-TrinkwV-), die u. a. Bestimmungen über die Beschaffenheit des Trinkwassers, die Pflichten des Unternehmers oder sonstige Betreibers einer Wasserversorgungsanlage, die Überwachung durch das Gesundheitsamt, Grenzwerte für gesundheitsschädliche chemische Stoffe, Angaben über chemische und bakteriologische Untersuchungsverfahren sowie Angaben über Art und Häufigkeit von Wasseruntersuchungen enthält.

Thalasso: Bezeichnet die Behandlung von Krankheiten mit kaltem oder erwärmtem Meerwasser, Meeresluft, Sonne, Algen, Schlick und Sand.

Umkehrosmose: Ein physikalisches Verfahren zur Aufkonzentrierung von in Flüssigkeiten gelösten Stoffen. Sie wird zur Wasseraufbereitung für Trink- und Prozesswasser, zur Abwasserbehandlung verwendet.

Ursprüngliche Reinheit: Jedes natürliche Mineralwasser muss frei von jeglichen Stoffen sein, die aus einer Umweltbeeinflussung stammen.

Verband Deutscher Mineralbrunnen: Zum Verband Deutscher Mineralbrunnen, der die Vertretung der deutschen Brunnenbranche ist, gehören zurzeit rund 240 Betriebe und darunter knapp 30 aus den neuen Bundesländern.

Verschluss: Die typischen Schraubverschlüsse der Mehrweg- und Einwegflaschen der deutschen Mineralbrunnen sind entweder aus Aluminium oder Polyethylen. Diese Verschlüsse sind mit einer Sicherung versehen, die erkennen lässt, dass die Flasche noch original verschlossen ist. Das erstmalige Öffnen ist am Reißen des Ringes am unteren Deckelrand zu erkennen. Beide Deckelarten können recycelt werden.

Wasser: Ein nicht ersetzbarer Naturstoff und Urquell allen Lebens auf der Erde. Es ist eine geschmack- und geruchlose, durchsichtig klare und farblose Flüssigkeit, die aus zwei der am häufigsten verbreiteten Elemente der Natur besteht: Wasserstoff (2 Teile, »H« für Hydrogenium) und Sauerstoff (1 Teil, »O« für Oxygenium).

Wasseranalyse: Sie dient der Bestimmung chemischer, physikalischer und mikrobiologischer Parameter, die die Beschaffenheit der jeweiligen Probe beschreiben. Solche Analysen erfolgen beispielsweise bei der Bewertung von Grund-, Heil- und Quellwasser. Bei Trinkwasser sind Wasseranalysen sehr wichtig, hier sind Anzahl und Umfang der Analysen in vielen Ländern gesetzlich vorgeschrieben, in Deutschland durch die Trinkwasserverordnung.

Wasserkreislauf: Bezeichnet die von der Sonnenenergie abhängige kreislaufmäßige ständige Bewegung (Zirkulation) des Wassers zwischen den Ozeanen, der Atmosphäre und den Kontinenten in der Reihenfolge Verdunstung, Niederschlag und Abfluss.

Register

A

Abfüllbetrieb ... 42
Abfüllung ... 36, 43, 49f, 55, 184
Abwasser ... 29, 74, 80, 88, 187
Abwasserentsorgungsunternehmen ... 74
Acqua Panna ... 110
Adelholzener ... 38, 49, 50, 126
Aggregatszustand ... 12, 136
amtliche Anerkennung ... 29, 35f, 42
Analysenauszug ... 45f, 55, 182
Anwendung ... 16ff, 46, 50, 135ff, 142ff, 148ff, 157
Apollinaris ... 36, 38, 50, 98, 130
Aqua-Gymnastik ... 150
artesisch ... 34, 57, 97, 111, 182
Atlantis ... 180f

B

Bad Wörishofen ... 143f
Bewässerung ... 73
Beruf ... 87ff
Binnenschiffer ... 88
Blei ... 56, 63, 65, 66
Bling H_2O ... 94, 98, 112
Bonaqa ... 42
Bootsbauer ... 87
Brackwasser ... 29
Brunnen ... 19, 34ff, 38f, 41f, 43f, 47ff, 54f, 63, 84, 88, 98, 105, 123, 130, 138, 156, 179, 180, 182, 185

Bundesamt für Verbraucherschutz und Lebensmittelsicherheit ... 36, 46
Bundesinstitut für Arzneimittel und Medizinprodukte ... 46, 49
Bundesverband der deutschen Energie- und Wasserwirtschaft e.V. ... 64

C

Cadmium ... 56, 66
Calcium ... 28, 42, 49, 56f, 63f, 96, 153, 183
Cape Karoo ... 113
Cave H_2O ... 39, 129
Chlor ... 49, 56, 62f, 65, 81, 122
Cloud Juice ... 127
Cristallina ... 69

D

Demineralisieren ... 29
Desinfizieren ... 62
Drainagearbeiter ... 88

E

Eis ... 12, 79, 81, 98, 136, 145
Eisen ... 34, 44, 47, 53, 62, 153, 182
Eiswürfel ... 42, 81, 98
Emoto, Masaru ... 68f
enteisent ... 29, 34, 59, 182
entschwefelt ... 34, 59, 182
Etikett ... 25, 34, 48f, 57, 59, 182, 184
Europäische Mineralwasserrichtlinie ... 54, 182

Europäische Trinkwasserrichtlinie ... 60
Evian ... 93

F

Fachangestellter für Bäderbetriebe ... 89
Fachkraft für Wasserversorgungs- technik ... 88
Fiji ... 111
Filter ... 36, 42ff, 62, 64f, 68f, 80f, 112
Flasche ... 25, 36, 42, 44, 50, 54f, 58, 69, 73f, 94, 97, 98, 100, 118, 183f
Flaschendesign ... 94
Flüssigkeitsmangel ... 18f
Flüssigkeitszufuhr ... 18f, 23, 73
Fluorid ... 49, 56

G

Ganges ... 163, 168
Geschmacksqualitäten ... 122
Getränkekarte ... 42, 55
Gewässermanagement ... 80
Gewässerschutz ... 64, 87
Grenzwert ... 43, 60, 63, 66, 186
Grundwasser ... 28f, 54, 62, 80, 97, 182

H

Härtebereich ... 63, 183
Heilbad ... 149, 157
Heilbrunnen ... 47ff
Heilwasser ... 23, 29, 36, 39, 42, 46ff, 54f, 58f, 105

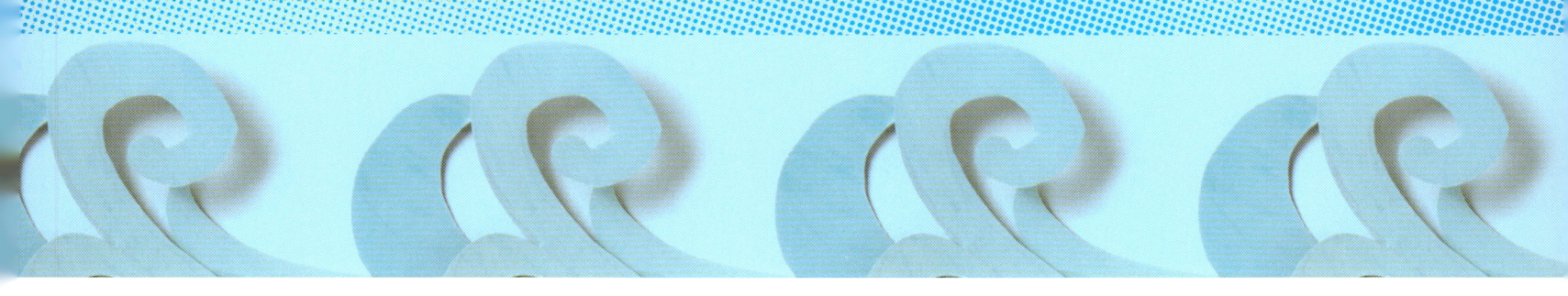

Heilquelle ... *49f, 68*
Höchstwert ... *46, 57*
Hotel Atlantic Kempinski, Hamburg ... *93f,* **104f**
Hydromassage ... *153*
Hydrotherapie ... *136, 143, 153,* **156f**

I

Informationszentrale Deutsches Mineralwasser ... *36, 122*
Internationales Wasserinstitut Stockholm ... *81*
Iskilde ... *96, 126*

J

Jungbrunnen ... *138*

K

Kalium ... *49*
Kalk ... *56f,* **63ff**
Kläranlagen ... *64, 88*
Kneipp, Sebastian ... *46,* **142ff**
Kohlendioxid ... *29, 35f, 42, 49, 186*
Kohlensäure ... *34f, 42, 44, 53, 56, 62,* **73f**, *94,* **96f**, *100, 102, 122, 129, 130,* **183f**
Kontrolle ... *29, 36, 44,* **48f**, *82, 136, 150*
Kristallstruktur ... **68f**, *118*
Kupfer ... *56, 66*
Kurort ... *47,* **144f**, *157*

L

Lauquen ... *112*
Lauretana ... *128*
Lebendiges Wasser ... *68f*
Leitungswasser ... *23, 25, 28f, 42, 44, 58,* **60ff**, *66, 68, 81, 98*
Loch Ness ... *181*
Loreley ... *179*

M

Magnesium ... *28, 42, 49, 56,* **63f**, *96, 122, 185*
Mangan ... *44, 53, 56, 62*
Meerjungfrau ... *179f*
Meerwasser ... *42f, 60, 89, 121,* **148ff**, *184*
Mehrweg ... *73f,* **183f**
Mineralstoffe ... *23, 28,* **34ff**, *43, 46,* **48f**, *57,* **63f**, *106, 149, 153, 183*
Mineralstoffgehalt ... *29, 43, 53, 110, 128*
Mineralwasser ... *19, 22, 28f,* **33ff**, **42ff**, **53ff**, *64, 68,* **73f**, *81,* **93f**, *96, 98, 100, 110, 113, 122, 129, 130, 131,* **182ff**

N

Narziß ... *123*
Natrium ... *42, 49, 56, 96, 122, 183*
Niederschlagswasser ... *28*
Nitrat ... *49,* **56f**
Nixe ... *179f*
Nutzwasser ... *29*
Nymphe ... *179*

O

Oberflächenwasser ... *28f, 62, 80*
OGO ... *110*

P

PET-Flaschen ... *73f, 184*
Pro-Kopf-Verbrauch ... *19, 22*
Pumpen ... *34, 57, 68*

Q

Quelle ... *29,* **34ff**, *46,* **49f**, **53ff**, **58f**, *62, 97, 112, 113, 120, 126, 127, 130, 163,* **179f**, **182ff**
Quellkohlensäure ... *35, 56, 184*
Quellort ... *43, 46, 53, 131, 184*
Quellwasser ... *28f, 42,* **52ff**, *62, 68, 128, 163, 185*

R

Regenwasser ... *29, 127*
Reinheit ... *23, 28, 43,* **55f**, *112, 129, 165, 170,* **184f**
Ressource ... *79, 150*
Rettungsschwimmer ... *87, 89*
Rheinsberger Preussenquelle ... *130*
Richtwert ... *47*
Rituelle Waschung ... *170*
Rohr ... *62f, 66, 88*
Rohrleitungsbauer ... *88*

S

Salzgehalt ... *43*
Salzwasser ... *29, 79, 153*
Säuglingsnahrung ... *55ff, 65, 183*
Sauerstoff ... *18, 34, 44, 62, 64, 68, 97, 110, 126, 153, 182, 185*
Sauna ... *136, 138, 146*
Schnee ... *36, 118, 145*
Schwefel ... *34, 53, 59, 181, 182*
Schwermetalle ... *56, **64f***
Seebestattungen ... *172*
Selters ... *39, 131*
Sodawasser ... *42*
Sole ... *42, 59, 157*
Sommelier ... *93, 100, 125*
SPA ... *135, 150*
S. Pellegrino ... *22, 129*
Spurenelement ... *34, 36, 46, 49, 58, 149, 153*
stilles Wasser ... *44, 96*
Süßwasser ... *28f, 79f*
Sulfat ... *28, 49, 56, 122*

T

Tafelwasser ... *29, **41ff**, **54f**, 58f*
Taufe ... *161, **165f***
Tetrapak ... *42*
Thalasso ... ***148ff**, 184*
Trinkqualität ... *23, 29, 34*
Trinktemperatur ... *96, 100*
Trinkwasser ... ***27ff**, **43f**, **53f**, 60, **62ff**, 69, 79ff, 122, **184f***
Trinkwasserverordnung ... *28f, 43, 53, 56, 60, 184*
Trinkwasserversorgung ... *29*
Ty Nant ... *111*

U

Umkehrosmose ... *43, 185*

V

Verband Deutscher Mineralbrunnen ... *19, 36, 185*
Verordnung ... *28f, 35, **42f**, 48, **53ff**, 59f, **184f***
Voss ... *23, 93, 98, 127*

W

Wasseranalyse ... *44, 49, 185*
Wasserbauer ... *88*
Wasserbedarf ... *17, 74, 80*
Wasserfilter ... ***64f***
Wasserhärte ... *63*
Wasserinvestments ... *79*
Wasserkarte ... ***93f**, 96, **100ff***
Wasserkraft ... *74, 88*
Wasserkreislauf ... *46, 80, 185*
Wassermangel ... *80*
Wassermeister ... *44, 88*
Wasserprobe ... *68, 97, **125ff***
Wasserqualität ... *54, 60, 63, 64, 66, 68, 74, 88, 98, 150*
Wasserspender ... *44*
Wassersportlehrer ... *89*
Wassertherapie ... *136, 145*
Wassertreten ... *145, 153*
Wasserverkostung ... *97*
Wasserverlust ... *11, 18*
Wasservorkommen ... *28, 46, 58, 80*
Wasserwerk ... *44, **62f**, 88*
Wasserzähler ... *62*
Weihwasser ... ***165f***
Wein ... *17, 22, 36, **93f**, **96ff**, 100, 113, **126ff***
Weltgesundheitsorganisation ... *80*
Weltwassertag ... *74*

Z

Zink ... *66*

Bildnachweis

Für die freundliche und großzügige Unterstützung bei der Realisierung unseres Projektes möchten wir uns bei unseren Partnern herzlich bedanken:

Adelholzener Alpenquellen GmbH
St.-Primus-Straße 1-5
83313 Siegsdorf
Tel.: 08 662 / 62 - 0
Fax: 08 662 / 62 - 101
www.adelholzener.de

Apollinaris Brands GmbH
Friedrichstraße 68 / Q 205
10117 Berlin
www.apollinaris.de

Lauretana – Das leichteste Wasser
Vertriebs GmbH
Postfach 1227
83382 Freilassing
Tel.: 01 804 / 52 87 38
Fax: 01 804 / 52 87 28
www.lauretana.de

LPS GmbH
Schwöllbogen 5 / 1
72555 Metzingen
Tel.: 07 123 / 72 61 92 - 0
Fax: 07 123 / 72 61 92 - 20
www.cave-h2o.de

Nestlé Waters Deutschland AG
Wilhelm-Theodor-Römheld-Straße 22
55130 Mainz
Tel.: 06 131 / 25 00 - 0
Fax: 06 131 / 25 00 - 435
www.nestle-waters.de
www.sanpellegrino.de

Rheinsberger Preussenquelle GmbH
Am Langen Luch 21
16831 Rheinsberg
Tel.: 03 39 31 / 34 95 81
Fax: 03 39 31 / 34 95 89
www.preussenquelle.de

Selters Mineralquelle
Augusta Victoria GmbH
Seltersweg 1
35792 Löhnberg-Selters
Tel.: 06 471 / 609 - 0
Fax: 06 471 / 609 - 49
www.selters.de

Bildnachweis

Adelholzener Alpenquellen GmbH, Siegsdorf
Auf den Seiten 15, 31 links, 49, 51, 70, 71, 126

akg-images
Auf den Seiten 28 (© akg-images/RIA Nowosti), 4 oben/120 (© akg-images)

Apollinaris, mit freundlicher Genehmigung der Coca-Cola GmbH
Auf den Seiten 30, 31 rechts, 37, 99, 130

Café M1, BMW Museum, München
Auf der Seite 101

Capital Duck Studio, Berlin
Auf der Seite 97

Die Basis, Wiesbaden
Auf den Seiten 58/59, 84/85, 102–107, sowie die Collagen, Illustrationen und freien Elemente, (5555 Meisterwerke: Seite 4 unten, 151 rechts oben, 162 links unten, Seite 191 oben, Seite 192)

Drinks & More GmbH & Co. KG, Hamburg
Auf den Seiten 111 & 112 rechts

Fotolia
Auf den Seiten 8/9 (© Akhilesh Shama), 13 (© Angie Lingau), 24 oben links (© Marko Huever), 26 links (© Vesna Gajic), 27 (© Mikko Pitkänen), 28 oben (© Varina Patel), 29 (© Luminis), 34 (© amridesign), 35 (© mypokcik), 45 (© Patrice MARTY), 47 (© claudio calcagno), 48 (© Bruno Bernier), 52 links (© Palindra), 52 Mitte (© Martina Berg), 52 rechts (© Immo Schiller), 54 (© Sven Käppler), 56 rechts (© Fred), 56 links (© rgbspace), 61 (© Laura Dynan), 67 links unten (© ckchanweb), 67 links oben (© Richard Schramm), 67 rechts (© Carsten Steps), 75 (© Serg Zastavkin), 76/77 (© Luiz), 82 Mitte rechts – links (© Vladimir), 82 unten (© philipus), 90 (© Tanya Strelnikova), 91 (© JulianMay.co.uk), 119 (© Matthias Creydt), 120 oben rechts (© Patricia Hofmeester), 120 oben Mitte (© Stephanie Bandmann), 120 links oben (© herb-arz), 120 unten (© SBphotographer), 121 rechts (© Melissa Schalke), 121 rechts unten (© Ramona Heim), 132 (© xygo), 133 unten (© Lars Christensen), 136 rechts – Mitte links (© Ellen Valentin), 136 links (© Abdelhamid ESSADEL), 139 (© mattrose), 140 (© dianah), 141 (© nomad), 144 (© Stefan Lenz), 148 oben (© Piroschka), 151 unten (© Rui Araújo), 152 oben (© Diorgi), 154/155 (© Michael Stumpf), 155 rechts unten (© MyPictures), 161 rechts Mitte (© ma_photo), 161 links (© Stefan Richter), 162 rechts (© mkb), 162 Mitte (© jurand), 163 (© Gabyna Andrushko), 164 rechts oben (© federico igea), 164 rechts unten (© Rony Zmiri), 164 links oben (© Stephen Bonk), 169 links unten (© pepe), 169 rechts (© vertellis), 171 links (© Paco Ayala), 171 oben/unten (© Cyril PAPOT), 171 Mitte rechts (© remonaldo), 172 Vordergrund (© Ivonne Wierink), 173 (© Alperium), 174/175 (© Tfrisch), 176 (© TIMURA), 176/177 (© NJ), 178 rechts (© Bernd Kröger)

Hotel Atlantic Kempinski, Hamburg
Auf der Seite 95 rechts, 104–105

Hotel Palace Berlin, Berlin
Auf den Seiten 102–103, 108, 124 links

Husarenquartier Restaurant Bistro, Erftstadt-Lechenich
Auf der Seite 95 links, 106–107

Iskilde Aps, Skanderborg, Dänemark
Auf der Seite 126

Karoo Spring Water (Pty) Ltd., Kapstadt, Südafrika
Auf der Seite 113

King Island Cloud Juice, Tasmanien, Australien
Auf der Seite 127 rechts

Kneipp-Bund e.V., Bad Wörishofen
Auf den Seiten 146, 147 links, Mitte links

Lauquen Water Co., New Patagonia SA, Buenos Aires, Argentinien
Auf der Seite 112 links

Nestlé Waters Deutschland AG, Mainz
Auf den Seiten 5, 11, 16, 22, 23, 24, 33, 42, 92, 109, 110 links, 114/115, 125, 129 rechts

Photo Grebmer, Bad Wörishofen
Auf der Seite 142 links & Mitte

The O-Company N.V., Tilburg, Niederlande
Auf der Seite 110

Trattoria à Muntagnola, Berlin
Auf der Seite 69

Ty Nant Spring Water Ltd, Ceredigion, Vereinigtes Königreich Großbritannien und Nordirland
Auf der Seite 111 rechts

Ullsteinbild
Auf den Seiten 17 & 57 (© histopics), 151 oben links (© ullstein bild)

Kneipp® ist eine eingetragene Marke der Kneipp-Werke-Kneipp-Mittel-Zentrale GmbH & Co. KG